Nenad Marjanovic
Manuel Iber

geaddet, gepostet, WEBFAIL!

Bibliografische Information der Deutschen Nationalbibliothek:
Die Deutsche Nationalbibliothek verzeichnet diese Publikation in der Deutschen Nationalbibliografie; detaillierte bibliografische Daten sind im Internet über http://d-nb.de abrufbar.

Für Fragen und Anregungen:
webfail@rivaverlag.de

Originalausgabe
1. Auflage 2012

Nymphenburger Straße 86
D-80636 München
Tel.: 089 651285-0
Fax: 089 652096

Umschlaggestaltung: Maria Wittek, Christina Rall
Satz: Daniel Förster, Belgern
Druck: GGP Media GmbH, Pößneck
Printed in Germany

ISBN 978-3-86883-202-0

Nenad Marjanovic
Manuel Iber

Das Beste von
WEBFAIL.AT

geaddet, gepostet, WEBFAIL!

riva

Susann [redacted]
Hat deine Oma eigentlich kinder?
Samstag um 22:58 via Handy · Gefällt mir · Kommentieren

2 Personen gefällt das.

Lars [redacted] Ja 2, meine Mutter und meinen Vater.
Samstag um 23:00 · Gefällt mir · 1 Person

Jess [redacted] lars, das erklärt einiges
Samstag um 23:50 · Gefällt mir

Lars [redacted] ich verstehe nicht, was du meinst.
Samstag um 23:51 · Gefällt mir

Webfail-Kommentar dazu:

Jessica [redacted]
Also ist der Vater gleichzeitig der Onkel und die Mutter gleichzeitig die Tante, was heißt, dass Lars sein eigener Cousin ist. Und wenn Lars dann Kinder bekommt, sind es nicht nur seine Kinder, sondern auch seine Nichten und Neffen.
Antwort · 806 · Gefällt mir · 27. September um 11:41

Jan [redacted]
klasse, da zahlt man ein haufen geld und dann kann der ipod nicht mal bilder, sondern nur videos machen, oder weiß jemand wie? frag mich wie bill gates überhaupt reich werden konnte, bei solchen scheiß ideen!
vor 2 Stunden · Gefällt mir · Kommentieren

Laura [redacted] bill gates arbeitet bei apple?
vor etwa einer Stunde · Gefällt mir

Annemarie [redacted]
Die Herzenzsgröße ist viel wichtiger als die Konfektionsgröße!
17. August um 19:03 · Gefällt mir · Kommentieren

8 Personen gefällt das.

Jan [redacted] Wieso kommen solche Sätze nur von Menschen mit ner Konfektionsgröße weit über 50?
17. August um 19:17 · Gefällt mir · 2 Personen

Flo [redacted] Herzgröße? Charakter ist viel wichtiger!
17. August um 19:22 · Gefällt mir

Bastian [redacted] Charakter? Wer braucht schon charakter? die größe der brüste ist wcihtige!
17. August um 19:24 · Gefällt mir

Nelia [redacted] Ich glaub bei euch ist wäre die Größe des Gehirns viel entscheidender...
17. August um 19:31 · Gefällt mir · 4 Personen

Annemarie [redacted] Bei euch allen ist wohl die Hose zu klein...
17. August um 19:31 · Gefällt mir

Jan [redacted] Wir haben auch ne kleinere Konfektionsgröße...
17. August um 19:33 · Gefällt mir · 2 Personen

Annissa [redacted]
Knallhart ins falsche auto eingestiegen :D und beide erst nach 5minuten fahrt bemerkt... Wusste doch das mein opa anders aussieht haha
vor 3 Stunden via Handy · Gefällt mir · Kommentieren

4 Personen gefällt das.

Patrick [redacted]
YEAH!!! Meine Schwester ist schwanger! Bin schon so gespannt ob ich Onkel oder Tante werde!!!
Gestern um 18:21 · Gefällt mir · Kommentieren

2 Personen gefällt das.

[redacted] **Sabine** [redacted] HAHAHAAHAH
Gestern um 18:32 · Gefällt mir

[redacted] **Oliver** [redacted] Dumm, Dümmer, Patrick!!!
Gestern um 18:37 · Gefällt mir

Webfail-Kommentar dazu:

Moritz [redacted]
Alleine für die Dummheit sollte er Tante werden...
Antwort · 216 · Gefällt mir · 19. Juli um 12:02

Martin [redacted]
Die Küchenchefs sind einfach nur geil.
Gestern um 23:40 via Handy · Gefällt mir · Kommentieren

3 Personen gefällt das.

[redacted] **Rainer** [redacted] Warum schaust du dir immer diese kochsendungen an? du kannst ja nicht einaml kochen ...
Gestern um 23:44 · Gefällt mir

[redacted] **Martin** [redacted] Ja, und du schaust Pornos...
Gestern um 23:52 · Gefällt mir

[redacted] **Rainer** [redacted] na ... ja ... ach fick dich!
Gestern um 23:58 · Gefällt mir

Norbert [redacted]
AUSTRALIA - I LOVE U! Wunderschön hier! Liebe Grüße von Regina, den Kids und mir! PS: Wie ist das Wetter so in Deutschland? Wir haben rund 25 ° ;)
22. November um 14:32 · Gefällt mir · Kommentieren

14 Personen gefällt das.

Helmut [redacted] Wir haben auch rund 25 Grad im Schatten. Nein Spaß bei Seite. Genießt die Zeit und liebe Grüße zurück!
22. November um 14:41 · Gefällt mir

Doris [redacted] Was??? Warum ist es in Österreich um die Jahrzeit noch so warm?
22. November um 14:44 · Gefällt mir

Helmut [redacted] Lesen Doris, LESEN!
22. November um 14:48 · Gefällt mir

Doris [redacted] Was lesen?
22. November um 14:54 · Gefällt mir

Helmut [redacted] Ach nichts :)
22. November um 15:02 · Gefällt mir

Angelina [redacted]
Solange mein Chef so tut, als würde er mich richtig bezahlen, solange tue ich so, als würde ich richtig arbeiten.
16. November um 12:44 · Gefällt mir · Kommentieren

4 Personen gefällt das.

Lukas [redacted] Eigentlich wollte ich anrufen, aber so ist es lustiger: Komm sofort hinunter in mein Büro!
16. November um 12:58 · Gefällt mir

Lara [redacted]
Training:)
vor 6 Minuten · Gefällt mir · Kommentieren

[redacted] **Mario** [redacted] sie nennts training ich würds eher prostitution nennen :D
vor etwa einer Minute · Gefällt mir

[redacted] **Ben** [redacted] wieder matratzentraining ???
vor etwa einer Minute · Gefällt mir

[redacted] **Mario** [redacted] xDDD wie wir in der selben sekunde das gleiche schreiben :D
vor einigen Sekunden · Gefällt mir

Robert [redacted]
Morgen beginnt mein 34. Erster Tag einer Schulzeit. 18 Jahre als Schüler und 18 Jahre als Lehrer. Ach Kinder, wie die Zeit vergeht!
07. November um 18:21 · Gefällt mir · Kommentieren

4 Personen gefällt das.

[redacted] **Nadine** [redacted] Herr Professor... Ich will jetzt nicht irgendwie frech sein oder so, aber Gott sei Dank unterrichten Sie kein Mathematik
07. November um 20:04 · Gefällt mir

Stefan [redacted]
Sitze am Fenstersims, trinke Wein, rauche und lächle vorbeigehende Frauen an. Keine lächelt zurück! Es ist hart, das Leben im siebten Stock...
Samstag um 22:31 · Gefällt mir · Kommentieren

21 Personen gefällt das.

Christopher [redacted]
ICH HASSE MEINE FREUNDE!!!
Sonntag um 20:54 · Gefällt mir · Kommentieren

Karli [redacted] was ist los?
Sonntag um 20:59 · Gefällt mir

Christopher [redacted] Wir hatten gestern ne Party und ich hatte eindeutig zu VIIIIEEELLLL getrunken. Als ich dann am nächsten Tag aufwache, hab ich keine Ahnung wo ich bin. Bis ein Polizist plötzlich die Tür öffnet und sagt: Zu ihrem eigenen Schutz mussten sie die Nacht in der Ausnüchterungszelle verbringen. Das war aber längst nicht das Beste. Nun muss ich 14 Tage Gemeinnützige Arbeit leisten weil meine Freunde mich dort abgesetzt haben und ich auf meinem Rücken ein Schild hatte auf dem Stand: Ich bin ein Werwolf, sperrt mich ein bevor ich mich verwandle, sonst fresse ich Menschen!
Sonntag um 21:12 · Gefällt mir · 7 Personen

Martina [redacted] Hahahaha. Wir hätten niemals gedacht dass es soooo lustig endet :D hahaha
Sonntag um 21:17 · Gefällt mir · 4 Personen

Karli [redacted] tut mir leid christopher aber das ist einer der geilsten aktionen die jemals jemand gemacht hat!!! wessen idee war das?
Sonntag um 21:22 · Gefällt mir · 1 Person

Christian [redacted] zu unserer verteidigung: sag nie wieder dass twilight ein guter Film ist! sskm
Sonntag um 21:28 · Gefällt mir · 3 Personen

Wolf [redacted]
Hab mein WLAN jetzt in "GoogleStreetview_Car5" umbenannt. Mal schauen wer alles aus dem Fenster glotzt... :)
vor 11 Minuten · Gefällt mir · Kommentieren

4 Personen gefällt das.

Paula [redacted]
Diese Priesterskandale zerstören meinen Glauben daran, das es Menschen gibt, die weniger Sex haben als ich.
vor 19 Stunden · Gefällt mir · Kommentieren

2 Personen gefällt das.

Carmen [redacted]
Ich habe eine Bitte an alle! Meine Mutter hat bald Geburtstag und sie steht total auf ganz alte Möbel. Nun hab ich mir gedacht ich such ihr einen Computertisch aus der Barockzeit!
24. November um 17:53 · Gefällt mir · Kommentieren

6 Personen gefällt das.

[redacted] **Lukas** [redacted] Computertisch aus der Barockzeit?
24. November um 18:12 · Gefällt mir

[redacted] **Carmen** [redacted] Jep, kennst du jemanden der einen hat Lukas?
24. November um 18:16 · Gefällt mir

[redacted] **Lukas** [redacted] Meinst du das jetzt ernst?
24. November um 18:20 · Gefällt mir

[redacted] **Carmen** [redacted] Ja?
24. November um 18:22 · Gefällt mir

[redacted] **Lukas** [redacted] Muhaha, EPIC FAIL
24. November um 18:25 · Gefällt mir

[redacted] **Carmen** [redacted] Was ist daran ein Fail?
24. November um 18:27 · Gefällt mir

[redacted] **Carmen** [redacted] Achso, UPS :D Ich bin sooo dumm!!!!!
24. November um 18:30 · Gefällt mir

Oliver [redacted]
Jemand Schubert in der 10. in Chemie gehabt? Bräuchte die 1. KA vom letzten Jahr!
26. Oktober um 16:38 · Gefällt mir · Kommentieren

> **Denise** [redacted] für mich bitte auch sonst wird die arbeit morgen beschissen!!!
> 26. Oktober um 16:42 · Gefällt mir

> **Kathrin** [redacted] Ja, ich. Der ist echt dämlich, der macht immer die gleichen Klausuren... :)
> 26. Oktober um 16:43 · Gefällt mir

> [redacted] **Schubert** Da habe ich heute Nacht wohl noch was zu tun. Ihr aber auch.
> 26. Oktober um 21:11 · Gefällt mir

Dennis [redacted]
versteht schon wieder nicht, warum sein freundin auf ihn sauer ist...
28. November um 14:27 · Gefällt mir · Kommentieren

> **Joachim** [redacted] Ich kann sie sehr gut verstehen, du Depp hast gestern als du betrunken warst zu ihr gesagt - Ich zitiere mit deinen Worten: Wärst du nur halb so scharf wie deine beste Freundin würde ich ihr nicht immer hinterhersehen!
> 28. November um 14:33 · Gefällt mir

> **Dennis** [redacted] hab ich sicher nicht!
> 28. November um 14:37 · Gefällt mir

> **Renate** [redacted] DOCH HAST DU! FUCK U!
> 28. November um 14:41 · Gefällt mir

Mario [redacted]
OMG!!!!! ich hasse diese treffen mit verwandten! -.-
Sonntag um 15:58 via Handy · Gefällt mir · Kommentieren

2 Personen gefällt das.

[redacted] **Franziska** [redacted] Du bist wirklich ein Arschloch. Sagst Du bist Essen mit deiner Familie, kannst aber den Status aktualisieren? Wenn du mich nicht sehen willst dann sag es einfach und belüge mich nicht immer! :(
Sonntag um 16:12 · Gefällt mir

Marianne [redacted]
Kann es kaum erwarten das Gesicht von Robert zu sehen wenn er zu Weihnachten sein Geschenk auspackt! Das wird die beste Überraschung ever!
Sonntag um 18:27 · Gefällt mir · Kommentieren

3 Personen gefällt das.

[redacted] **Susanne** [redacted] was hast denn hübsches für ihn?
Sonntag um 18:33 · Gefällt mir

[redacted] **Marianne** [redacted] Naja, er wünscht sich immer schon in Monaco bei der Formel 1 dabei zu sein. Da hab ich ihm Tickets besorgt ♥
Sonntag um 18:39 · Gefällt mir

[redacted] **Susanne** [redacted] wow, tolle idee! waren bestimmt extrem teuer!
Sonntag um 18:46 · Gefällt mir

[redacted] **Marianne** [redacted] Ja, aber was solls. Er ist der Beste!
Sonntag um 18:49 · Gefällt mir

[redacted] **Robert** [redacted] OH und ich dachte ich hatte eine gute Idee mit den H&M Gutscheinen.
Sonntag um 18:54 · Gefällt mir

Jenny [redacted]
War heute beim Einkaufen. Da ist mir der Einkaufszettel herunter gefallen, auf dem hab ich statt Tampons "muschikram" gekritzelt. Ein Opa hat ihn aufgehoben.
Freitag um 1[illegible]:21 · Gefällt mir · Kommentieren

6 Personen gefällt das.

Pia [redacted] haha, hat er es gesehen?
Freitag um 14:24 · Gefällt mir

Jenny [redacted] Weiß ich nicht sicher. Er hat nur verlegen gelächelt. Ich hab dann zur Sicherheit noch als Alibi Whiskas gekauft...
Freitag um 14:26 · Gefällt mir · 3 Personen

Rene [redacted]
Hab heute den Physik Test zurückbekommen. Ich hätte ne 1 bekommen da ich komplett von meinem Sitznachbarn abgeschrieben habe. Leider Gottes auch seinen Namen. Fail.
vor 3 Stunden · Gefällt mir · Kommentieren

16 Personen gefällt das.

Mario [redacted] Der Sitznachbar war ich ^^ der sich übrigens rechtfertigen musste wie es dazu gekommen ist...
vor 3 Stunden · Gefällt mir

Lydia [redacted] ich hab echt lange nicht mehr so gelacht wie heute als Mario 2 Tests in die Hand gedrückt bekommen hat :D muss jetzt noch immer lachen wenn ich daran denke. hihihihi
vor 2 Stunden · Gefällt mir

Carsten [redacted] zu geil! :D ein fall für webfail.at
vor 2 Stunden · Gefällt mir

Hakan [redacted]
Gerade Stellenanzeige gelesen: "ICH SUCHE ARBEIT - GELERNT, FLISEN LEGA, LAMINAT, PAKET, TEPIZIREN, UND DARTEN ARBEIT, ODA BAUSCHTELLE." (das war zitiert, und nicht von mir!)
vor etwa einer Stunde · Gefällt mir · Kommentieren

9 Personen gefällt das.

[redacted] **Bilal** [redacted] buaschtelle schreibt man mit d
vor etwa einer Stunde · Gefällt mir

[redacted] **Hakan** [redacted] War bestimmt einer deiner Brüder...
vor etwa einer Stunde · Gefällt mir · 2 Personen

Marion [redacted]
Mir ist langweilig. Erzählt mir eine gruselige Geschichte!
Sonntag um 22:12 · Gefällt mir · Kommentieren

2 Personen gefällt das.

[redacted] **Nils** [redacted] deine mutter und dein vater hatten sex und haben dich gezeugt :D
Sonntag um 22:21 · Gefällt mir

Katharina [redacted]
Hab mir heute ein Thunfischsandwich gemacht. Es war echt gut, also schaute ich aufs Etikett welche Marke das ist. Herausgestellt hat sich dass es ScheziR Katzenfutter ist. Typisch für mein Leben!
vor 8 Stunden · Gefällt mir · Kommentieren

13 Personen gefällt das.

Mario [redacted]
Ich glaube mein Mitbewohner ist krank. Schmückt die ganze Bude mit Pflanzen! ECHTE Pflanzen!!!
vor etwa einer Stunde · Gefällt mir · Kommentieren

Katrin [redacted] ihr hattet doch schon immer eine menge pflanzen in der küche?
vor etwa einer Stunde · Gefällt mir

Mario [redacted] Ja, aber die konnte man rauchen!
vor etwa einer Stunde · Gefällt mir

Michael [redacted] LOCOOOL
vor 12 Minuten · Gefällt mir

Sophia [redacted]
sucht nen coolen film- hat wer ne idee?
vor 28 Minuten · Gefällt mir · Kommentieren

Johannes [redacted] Genre?
vor 24 Minuten · Gefällt mir

Sophia [redacted] kenn ich cniht :D worum gehts ?
vor 11 Minuten · Gefällt mir

Ivo [redacted] Haha :D
vor 10 Minuten · Gefällt mir

Jacob [redacted] Witz:d
vor 8 Minuten · Gefällt mir

Sophia [redacted] och johannes -.-
vor 7 Minuten · Gefällt mir · 1 Person

Nina [redacted]
geiler tag am see mit den mädels xDDD sekt sekt!!! morgen dan wieder bei überraschungsparty für ina saufen!!!
Gestern um 18:29 · Gefällt mir · Kommentieren

[redacted] **Ina** [redacted] geil! party für mich! danke ♥♥♥
Gestern um 22:01 · Gefällt mir

[redacted] **Vaniii** [redacted] nina, du hast echt alle hirnzellen versoffen...
Gestern um 22:42 · Gefällt mir

Carolin [redacted]
Kann mich kaum auf die Arbeit konzentrieren. Mein neuer Chef ist so sexy!
Gestern um 15:53 via Handy · Gefällt mir · Kommentieren

2 Personen gefällt das.

[redacted] **Margarete** [redacted] Carolin! Entferne diesen Eintrag! Du kannst dich hier nicht öffentlich zum Flittchen machen! So wird dich kein netter Mann ansprechen. Du beschämst deine Eltern. Gruß Mama
Gestern um 19:12 · Gefällt mir

Patrick [redacted]
1cH L13b3 D1Ch Üb3r 4lL3S - K0Mm W13d3r zUrüCk
vor 2 Stunden · Gefällt mir · Kommentieren

[redacted] **Anton** [redacted] Ach Sohn, sei kein Waschlappen. Lern wie ein richtiger Mann zu schreiben und dann räum endlich dein Zimmer auf!
vor 2 Stunden · Gefällt mir

Eugen [redacted]
vooooooooll laaaaaaaaaaaaaaangweilig!!!!!
Gestern um 09:11 · Gefällt mir · Kommentieren

Gabriela [redacted] Schwänzt du schon wieder? Ab zur Schule sonst gibts kein Taschengeld!
Gestern um 09:38 · Gefällt mir

Eugen [redacted] surfst du bei der arbeit? haha, dann hast du bald keine arbeit mehr...
Gestern um 09:42 · Gefällt mir

Gabriela [redacted] Mein lieber Sohn: Wie du weißt habe ich von 9:30 bis 10:00 Uhr Frühstückspause. Du gehst jetzt aber sofort zur Schule. Die nächsten 2 Wochen hast du Hausarrest.
Gestern um 09:51 · Gefällt mir

Sandra [redacted]
Ich hasse es wenn Banken beim Überweisen von Erlagscheinen so lange brauchen!
Gestern um 13:12 · Gefällt mir · Kommentieren

4 Personen gefällt das.

Michael [redacted] Wie wärs mit Überweisung übers Internet?
Gestern um 13:19 · Gefällt mir

Sandra [redacted] Wie meinst?
Gestern um 13:24 · Gefällt mir

Michael [redacted] Naja, Online Banking!
Gestern um 13:27 · Gefällt mir

Sandra [redacted] Online Banking mach ich ja, nur nicht übers Internet...
Gestern um 13:35 · Gefällt mir

Jens [redacted]
ich hasse diese verdammten fußballexperten die meinen sie hätten ahnung obwohl sie noch nie gegen einen ball getreten haben
Gestern um 15:58 · Gefällt mir · Kommentieren

[redacted] **Sebastian** [redacted] recht hat er!
Gestern um 16:31 · Gefällt mir

[redacted] **Mar** [redacted] was ist dein problem jensi? du hast doch auch noch nie eine muschi aus der nähe gesehen und guckst trotzdem pornos :P
Gestern um 17:32 · Gefällt mir

David [redacted]
Facebook Farben ändern: Drücke die Pfeiltasten rauf, rauf, runter, rechts, links, rauf, runter, links, rechts, runter, rauf und dann Alt + F4 gleichzeitig!
Gestern um 15:48 · Gefällt mir · Kommentieren

3 Personen gefällt das.

[redacted] **Nicole** [redacted] Was mache ich falsch? Mein Internet stürtzt ständig ab!
Gestern um 16:18 · Gefällt mir

Fabian [redacted]
Eltern können manchmal nerven...
vor etwa einer Stunde · Gefällt mir · Kommentieren

[redacted] **Eduard** [redacted] Kleine Brüder können manchmal auch nerven, Bruderherz...
vor etwa einer Stunde · Gefällt mir

[redacted] **Jutta** [redacted] Kinder können manchmal auch nerven, liebe Kinder...
vor 36 Minuten · Gefällt mir

Mario [redacted]
jemand lust heute abend auf stadt? paar weiber aufreissen :D
vor 17 Minuten · Gefällt mir · Kommentieren

[redacted] **Phil** [redacted] meld mich nachher bei dir, lass mir was über XD
vor 14 Minuten · Gefällt mir

[redacted] **Angelika** [redacted] Männer sind doch alle gleich!
vor 11 Minuten · Gefällt mir

[redacted] **Mario** [redacted] kann ich ja nix für, dass frauen nur das eine von mir wollen...
vor 9 Minuten · Gefällt mir

[redacted] **Angelika** [redacted] ...dass du sie in Frieden lässt?
vor 6 Minuten · Gefällt mir

Marco [redacted]
Ich brauch dringend eine Frau! Alarm!
vor etwa einer Stunde · Gefällt mir · Kommentieren

2 Personen gefällt das.

[redacted] **Benjamin** [redacted] Tröst dich erst mal mit Pornos haha
vor etwa einer Stunde · Gefällt mir

[redacted] **Marco** [redacted] Was du wieder denkst... ich brauch keine Befriedigung. Nur meine Wohnung müsste mal wieder gesäubert werden!
vor etwa einer Stunde · Gefällt mir

[redacted] **Benjamin** [redacted] Assi xD
vor etwa einer Stunde · Gefällt mir

Bernd [redacted]
Der Urlaub ist so langweilig, wenn alle anderen arbeiten müssen. Jemand Lust mit mir die Zeit zu vetreiben?
Mittwoch um 14:22 via Handy · Gefällt mir · Kommentieren

[redacted] **Tanja** [redacted] Hab auch Urlaub! Komm doch einfach auf nen Kaffee vorbei!
Mittwoch um 14:36 · Gefällt mir

[redacted] **Bernd** [redacted] Mit dir "vertreib" ich mir die Zeit nicht. Auf dir haben schon mehr Leute gelegen als auf einer Hotelzimmermatratze...
Mittwoch um 14:42 · Gefällt mir · 4 Personen

Nils [redacted]
Gestern habe ich auf dem Schulcomputer bei Facebook aus versehen einen Haken bei Passwort speichern gemacht. Als ich abends zuhause war hatte jemand mein komplettes Profil umgebaut. Ich bin jetzt zwei Jahre jünger und stehe anscheinend auf Frauen mit Achselhaaren. Zudem bin ich single und suche schnellen Sex. Danke lieber Unbekannter.
Gestern um 13:56 · Gefällt mir · Kommentieren

17 Personen gefällt das.

Olaf [redacted]
In der Dusche zu masturbieren hat den Nachteil, das es die Reaktion auf die sexuelle Stimulation verschiebt. Mittlerweile werde ich schon geil wenn es regnet.
vor 12 Minuten via Handy · Gefällt mir · Kommentieren

Kai [redacted]
folgendes spiel: der erste sagt ein wort, dass aus 2 wörtern besteht (z.B. FensterBrett). der nächste antwortet dann, indem er das letzte wort nimmt und daraus wieder ein neues wort bildet (BrettSpiel). ich fang mal an: standheizung
vor 5 Stunden · Gefällt mir · Kommentieren

4 Personen gefällt das.

Olaf [redacted] heizungsstab
vor 5 Stunden · Gefällt mir

Carina [redacted] stabmixer
vor 5 Stunden · Gefällt mir

Sophie [redacted] mixermacher
vor 5 Stunden · Gefällt mir

Ka [redacted] macherqualität
vor 5 Stunden · Gefällt mir

Stefan [redacted] Qualitätskontrolle
vor 4 Stunden · Gefällt mir

Pia [redacted] kontrollwahn
vor 4 Stunden · Gefällt mir

Lena [redacted] Wahnweste
vor 2 Stunden · Gefällt mir

Pia [redacted] !? was soll denn ne wahnweste sein?
vor 57 Minuten · Gefällt mir

Lena [redacted] im auto gibt es eine wahnweste!!! wenn ein Unfall ist muss man die anziehen damit man gesehen wird!!! hat signalfarbe orange!!!!!
vor 48 Minuten · Gefällt mir

Michael [redacted] lol... mäuschen das ding heißt WARN-weste..... weil es warnen soll und nicht von wahnsinn kommt^^
vor 3 Minuten · Gefällt mir

Mina [redacted]
Heute durfte ich meinen Freund von der Polizeiwache abholen. Grund: Verhaftung wegen Sex in der Öffentlichkeit. Doof nur, dass ich den ganzen Tag nicht draussen war :-(
Freitag um 17:32 · Gefällt mir · Kommentieren

2 Personen gefällt das.

[redacted] **Lisa** [redacted] Och, du kannst einem echt Leid tun :(
Freitag um 17:35 · Gefällt mir

Kathi [redacted]
DAS LEBEN IST SCHEISSE!
Dienstag um 17:32 · Gefällt mir · Kommentieren

2 Personen gefällt das.

[redacted] **Martina** [redacted] Die Zeit heilt alle Wunden! Kopf hoch Maus!
Dienstag um 17:37 · Gefällt mir

[redacted] **Roman** [redacted] Was ist passiert?
Dienstag um 17:40 · Gefällt mir

[redacted] **Kathi** [redacted] Heute hat mein Verlobter, nach 3 Jahren mit mir Schluss gemacht. Per Email! Wir arbeiten im selben Büro.
Dienstag um 17:46 · Gefällt mir

Xaver [redacted]
Meine Mutter kam grad in mein Zimmer und sagt "Mein Gozilla geht nicht". Ich "was?" Sie "Mein Gozilla! Komm einfach mit!". Sie meinte den Firefox... :DDD
vor 3 Stunden · Gefällt mir · Kommentieren

16 Personen gefällt das.

Sabine [redacted]
Anmerkung an alle Internet-Kids: wenn Du nach jedem Satz "lol", "xD", "haha", oder "^^" schreibst, läuft bei Dir irgendwas total falsch.
vor 12 Minuten · Gefällt mir · Kommentieren

2 Personen gefällt das.

[redacted] **Mark** [redacted] lol
vor 9 Minuten · Gefällt mir

[redacted] **Fili** [redacted] xD
vor 8 Minuten · Gefällt mir

[redacted] **Björn** [redacted] haha
vor 3 Minuten · Gefällt mir

[redacted] **Jenni** [redacted] ^^
vor 2 Minuten · Gefällt mir

[redacted] **Sabine** [redacted] ich WUSSTE das,
vor etwa einer Minute · Gefällt mir

Diana [redacted]
Was heißt KA?
Freitag um 19:56 · Gefällt mir · Kommentieren

[redacted] **Marlies** [redacted] Keine Ahnung!
Freitag um 19:59 · Gefällt mir

[redacted] **Johannes** [redacted] keine ahnung
Freitag um 20:00 · Gefällt mir

[redacted] **Diana** [redacted] hmm, warum weiß das keiner?
Freitag um 20:02 · Gefällt mir

Vanessa [redacted]
Laut Miracoli bin ich 4 Personen.
vor etwa einer Stunde · Gefällt mir · Kommentieren

6 Personen gefällt das.

Dennis [redacted] Ich würd da bei dir noch ein mind. einfügen... xD
vor 2 Minuten · Gefällt mir

Dennis [redacted]
sex ist ein dorn im auge der ewigen zweisamkeit
17. September um 16:31 · Gefällt mir · Kommentieren

Pit [redacted] für manche ist auch die zweisamkeit ein dorn im auge wenn es um sex geht
18. September um 00:47 · Gefällt mir

Miriam [redacted]
sitzt beim pc und sieht nur verschwomen weil sie beim augenarzt war, deshalb liest ihr kleiner bruder alles vor :/ ^^
28. Februar um 16:36 · Gefällt mir · Kommentieren

8 Personen gefällt das.

Raffael [redacted] Hast du deinem Bruder schon gesagt, dass sein Hamster nicht weggelaufen ist sondern eingeschläfert wurde?
28. Februar um 16:45 · Gefällt mir

Mariam [redacted] du verdammtes arschloch, er weint sich gerade die augen aus dem kopf!
28. Februar um 16:59 · Gefällt mir

Frank [redacted]
Ich hab alles was ihr nicht habt!
vor 5 Stunden · Gefällt mir · Kommentieren

[redacted] **Norbert** [redacted] Braune Streifen in der Unterhose?
vor 5 Stunden · Gefällt mir

[redacted] **Bond** [redacted] Nen Schaden?
vor 5 Stunden · Gefällt mir

[redacted] **Anna-Lea** [redacted] Titten?
vor 5 Stunden · Gefällt mir

[redacted] **Frank** [redacted] Anna, Hirn hast du definitiv nicht...
vor 5 Stunden · Gefällt mir

Sabrina [redacted]
Gestern die letzte Zigarette für die nächsten 9 Monate geraucht :)))
vor 10 Minuten · Gefällt mir · Kommentieren

4 Personen gefällt das.

[redacted] **Melanie** [redacted] Bist du schwanger?
vor 3 Minuten · Gefällt mir

[redacted] **Boris** [redacted] Hat da wer vergessen die pille nehmen?
vor 7 Minuten · Gefällt mir

[redacted] **Sabrina** [redacted] weiß ich noch nicht sicher
vor 7 Minuten · Gefällt mir

[redacted] **Sabrina** [redacted] pille hab ich nie genommen die macht dick
vor 6 Minuten · Gefällt mir

[redacted] **Sabbel** [redacted] Weiß du dieses mal wenigstens von wem es ist?
vor 2 Minuten · Gefällt mir

Susanne [redacted]
meine lieben, hab mein handy verloren, bitte schreibt mir eine sms mit eurer nr. bussi hab euch lieb
vor 7 Minuten · Gefällt mir · Kommentieren

Webfail-Kommentar dazu:

Da [redacted]
Viel geiler war die Story von nem Arbeitskollegen,
findet nen Handy und ruft die erste Nummer an und sagt dem netten mädel das er das Handy gefunden hat und sie bitte den Besitzer informieren möchte. eine Minute später kam dann ne SMS das jemand sein Handy gefunden hat. :D
Antwort · 33 · Gefällt mir · 11. August um 13:10

Manuel [redacted]
hahahaha mal wieder nur vollidioten bei mitten im leben. XD
vor 11 Minuten · Gefällt mir · Kommentieren

[redacted] **Dominik** [redacted] unterschichtenfernsehen verblödet. wieso schaust du dir so einen müll an? baust doch schon so genug scheiße, brauchst dir nicht auch noch anregungen holen. ;)
vor 7 Minuten · Gefällt mir

[redacted] **Manuel** [redacted] haha is klar. ne ich könnte den ganzen tag über die spackos lachen.
vor 5 Minuten · Gefällt mir

[redacted] **Andreas** [redacted] Das ist genau der Grund, weshalb ich Leute wie Dich in meiner Freundesliste habe.
vor 2 Minuten · Gefällt mir

Karl-Heinz [redacted]
Heute wollte ich zum Einkaufen in die Stadt fahren, als plötzlich auf halber Strecken mein Auto anfingen zu stottern. Schließlich gab er ganz den Geist auf und ich musste rechts ran fahren. Ich stand dort ca. 5 Minuten und habe den ADAC angerufen, als auf ein mal ein Polizist an meine Scheibe klopfte. Jetzt habe ich eine Anzeige am Hals, weil ich scheinbar an einem Strassenstrich gehalten habe, der wohl bekannt für den verkehr mit illegal eingereisten Frauen ist.
vor 9 Stunden · Gefällt mir · Kommentieren

4 Personen gefällt das.

Jana [redacted]
Es ist ja schön zu wissen, dass man in Japan jetzt überall Hamster kauft. Aber noch schöner wäre es zu wissen: Warum!?

Wollen die Japaner die Hamster in's Meer werfen um die Tsunmai Welle wegzudrücken? Oder absorbieren die Strahlung? Spüren die Erdbeben?
vor 2 Stunden · Gefällt mir · Kommentieren

1 Person gefällt das.

[redacted] **Tobi** [redacted] Hamsterkäufe bedeutet nicht das Hamster gekauft werden....
vor etwa einer Stunde · Gefällt mir · 2 Personen

[redacted] **Jana** [redacted] Oh, jetzt hab ich gegoogelt.. Man ist das peinlich! :D
vor etwa einer Stunde · Gefällt mir

[redacted] **Tobi** [redacted] :))
vor etwa einer Stunde · Gefällt mir

[redacted] **Tina** [redacted] ich würd dich jetzt gerne knuddeln. :D Hamsterkäufe .. sehr gut. :D
vor 10 Minuten · Gefällt mir

Heinrich [redacted]
Wenn Frauen die Welt regieren würden, gäbe es keine Kriege. Nur ein paar eifersüchtige Länder die nicht miteinander reden.
vor 3 Stunden · Gefällt mir · Kommentieren

14 Personen gefällt das.

Steffen [redacted]
habe mich gerade auf das übelste geschnitten und nicht mitbekommen. fühle mich wie superman. bin am überlegen, meine vorübergehende unverwundbarkeit auszunutzen und die welt zu retten.
vor 3 Stunden · Gefällt mir · Kommentieren

Steffen [redacted] vorhaben abgebrochen: zu faul und zu starker blutverlust.
vor 3 Stunden · Gefällt mir · 3 Personen

Elvira [redacted]
mei ohr blutet, was macht ma da? :D
vor 20 Minuten · Gefällt mir · Kommentieren

Adrian [redacted] also wenns ausn ohr blutet und du iwo dagegen geknallt bist kanns ein schädelbasisbruch sein ... aber ich denk net das du da noch schreiben würdest ...
vor 18 Minuten · Gefällt mir

Dario [redacted] Hör einfach auf heimlich Tokio Hotel zu hören
vor 10 Minuten · Gefällt mir · 1 Person

Adrian [redacted] XD
vor 10 Minuten · Gefällt mir

Anissa [redacted]
Knallhart ins falsche Auto eingestiegen :D und beide erst nach 5minuten fahrt bemerkt.. Wusste doch das mein opa anders aussieht haha
vor 3 Stunden via Handy · Gefällt mir · Kommentieren

4 Personen gefällt das.

Webfail-Kommentar dazu:

Jan-Niklas [redacted]
der alte Mann hatte sich sicher schon Chancen ausgerechnet :D
Antwort · 92 · Gefällt mir · 20. Juli um 13:02

Nicolaas [redacted]
Liebt seinen Schatz so sehr!!! Ich würde alles für sie tun!
Freitag um 14:21 · Gefällt mir · Kommentieren

5 Personen gefällt das.

[redacted] **Heike** [redacted] Aaahhhhh, ich liebe dich auch! Wirklich alles?
Freitag um 14:26 · Gefällt mir

[redacted] **Nicolaas** [redacted] Alles!
Freitag um 14:30 · Gefällt mir

[redacted] **Heike** [redacted] Juhu, hol mich ab! Ich hab uns Kinokarten für den neuen Justin Bieber Film bestellt.
Freitag um 14:42 · Gefällt mir

[redacted] **Nicolaas** [redacted] ICH HASSE MEIN LEBEN!
Freitag um 14:49 · Gefällt mir

Bernd [redacted]
Ich habe mich endlich dazu überwunden diese Bitch zu verlassen!
Mittwoch um 17:04 · Gefällt mir · Kommentieren

Paul [redacted] Tatsächlich? Wurde auch Zeit nachdem sie dich 2 Jahre lang von vorne bis hinten nur betrogen hat!
Mittwoch um 17:09 · Gefällt mir

Bernd [redacted] Ja, ich hab herausgefunden, dass sie mit Michael geschlafen hat und das nicht nur einmal!
Mittwoch um 17:20 · Gefällt mir

Carmen [redacted] Ja, sie ist ein schreckliche Person! Tut mir echt leid für dich!
Mittwoch um 17:20 · Gefällt mir

Bernd [redacted] Danke. Ja sie ist eine schreckliche Person. Noch dazu hat sie mir alles verheimlicht. Sie hat eben keinen einzigen aufrichten Knochen in ihrem Körper!
Mittwoch um 17:26 · Gefällt mir

Michael [redacted] Bis auf meinen ;)
Mittwoch um 17:29 · Gefällt mir

Richard [redacted]
Hört bitte endlich auf schreiende Spielzeug Puppen in mein Auto zu setzen! Die Polizei war schon wieder da!
26. März um 09:57 · Gefällt mir · Kommentieren

29 Personen gefällt das.

Francisca [redacted] ENDGEIL! :D
26. März um 10:12 · Gefällt mir

Mia [redacted] Haha, wer war das schon wieder? sooo lustig!
26. März um 10:23 · Gefällt mir

Ken [redacted]
kommt jemand zu meinem geburtstag wenn ich feier??
vor 24 Minuten · Gefällt mir · Kommentieren

Adrian [redacted] nein
vor 21 Minuten · Gefällt mir

David [redacted] Nein
vor 19 Minuten · Gefällt mir

Eva [redacted] nein
vor 18 Minuten · Gefällt mir

Jörg [redacted] nein
vor 16 Minuten · Gefällt mir

Oli [redacted] nein
vor 16 Minuten · Gefällt mir

Ken [redacted] es gibt auch alk..??
vor 14 Minuten · Gefällt mir

Johannes [redacted] Du hast echt keine Freunde :D
vor 12 Minuten · Gefällt mir · 8 Personen

Ken [redacted] freunde werden überbewertet. also kommt jemand wenns alk gibt??
vor 11 Minuten · Gefällt mir

Jens [redacted] nein
vor 10 Minuten · Gefällt mir

Marc [redacted] nein
vor 7 Minuten · Gefällt mir

Webfail-Kommentar dazu:

Hans [redacted]
nich ma wenns alk gibt? alter du bisrt echt unbeliebt xDD
Antwort · 76 · Gefällt mir · 19. Juli um 21:01

Jakob [redacted]
mein verschissener kopf tut so verdammt weh!
vor 16 Stunden · Gefällt mir · Kommentieren

2 Personen gefällt das.

[redacted] **Dorothea** [redacted] Du weißt genau, dass noch andere Familienmitglieder hier bei Facebook sind. Also bitte benutze nicht solche Fäkalausdrücke.
vor 16 Stunden · Gefällt mir

[redacted] **Jakob** [redacted] und du weißt genau das ich einen scheiß tag hatte. mein kopf tut weh und ich wurde enttäuscht. also bitte lass mich!
vor 16 Stunden · Gefällt mir

[redacted] **Siegfried** [redacted] Hört sich so an als hätte unser Sohn nicht nur Kopfweh sondern auch seine Periode. Gib ihm doch eine deiner extra saugfähigen Tampons, vielleicht geht es ihm dann besser.
vor 16 Stunden · Gefällt mir

Webfail-Kommentar dazu:

Daniel [redacted]
Mit solchen eltern braucht man einfach keine feinde mehr :'D
Antwort · 121 · Gefällt mir · 24. Juli um 08:22

Renate [redacted]
Letzte Woche habe ich meinem Freund gebeichtet dass ich schwanger bin. Er hat sich tierisch gefreut und meinte, dass er einkaufen müsse um das alles zu feiern... bisher ist er nicht wiedergekommen :(
Gestern um 10:39 · Gefällt mir · Kommentieren

3 Personen gefällt das.

Flo [redacted]
Hey, schaut mal alle in meinen Ebay-Shop - http://stores.ebay.de/[redacted]. Verkaufe alte Bücher und DVDs, die ich sowieso nicht anschaue.
27. Februar um 20:45 via Handy · Gefällt mir · Kommentieren

4 Personen gefällt das.

Andreas [redacted] cool ich werd gleich mal draufschauen
27. Februar um 21:09 · Gefällt mir

Flo [redacted] Super :)
27. Februar um 21:16 · Gefällt mir

Kai [redacted] sag ma gehts noch - das sind doch die 2 bücher und die dvd die ich dir letzte woche erst ausgeliehen habe... ??
02. März um 08:01 · Gefällt mir

Rico [redacted] oh oh... lol :D XD
02. März um 08:52 · Gefällt mir

Konrad [redacted]
Mein Arzt hat mir geratten, dass ich mehr Geschlechtsverkehr haben sollte um meine Schlafstörungen in den Griff zu bekommen. Will mir vielleicht eine helfen?
Montag um 14:00 · Gefällt mir · Kommentieren

8 Personen gefällt das.

Brunhilde [redacted] Nein
Montag um 14:12 · Gefällt mir · 7 Personen

Konrad [redacted] Ich meinte auch nicht dich damit Mum!!!
Montag um 14:14 · Gefällt mir

Vicky [redacted]
weiß jemand von euch ob es ein spezieles desktopbild gibt das rückspiegelt? einen spiegel zu scannen hat leider nicht funktioniert
22. März um 19:14 · Gefällt mir · Kommentieren

2 Personen gefällt das.

Fabian [redacted]
Ich lebe seit Monaten über meinen Verhältnissen.
Dienstag um 20:56 · Gefällt mir · Kommentieren

2 Personen gefällt das.

Beate [redacted] Heißt es nicht: Über meine Verhältnisse?
Dienstag um 21:02 · Gefällt mir

Fabian [redacted] Keine Ahnung. Frag die beiden Mädels unten.
Dienstag um 21:04 · Gefällt mir

Carla [redacted]
Auf Kriegsfuß mit EXCEL! 2:0 für das Computerprogramm!!!
vor 8 Stunden · Gefällt mir · Kommentieren

1 Person gefällt das.

Thomas [redacted] Was hast du denn für ein Problem? Vielleicht kann ich dir helfen...
vor 8 Stunden · Gefällt mir

Anja [redacted] nimm office...
vor 8 Stunden · Gefällt mir

Thomas [redacted] oh das tut grad weh ^^
vor etwa einer Minute · Gefällt mir

Lutz [redacted]
Die "Guido Westerwelle"-Briefmarke wurde von der Deutschen Post wieder aus dem Sortiment genommen, da die Leute die falsche Seite bespuckten.
vor 4 Stunden via Handy · Gefällt mir · Kommentieren

Simon [redacted]
Heute morgen wurde mir nach 6 Wochen der Gips am Arm abgenommen. Auf dem Weg nach Hause macht mein Busfahrer eine Vollbremsung und ich falle hin. Arm wieder gebrochen.
09. April um 19:56 · Gefällt mir · Kommentieren

2 Personen gefällt das.

Neli [redacted]
meine mama denkt immer noch das lol für "lots of love" steht...

hat mir gerade eine sms geschrieben:
opa ist gestorben, lol :(
vor etwa einer Stunde via Handy · Gefällt mir · Kommentieren

Niclas [redacted]
sagt neing zu drogen sagt neing zu lings ratikalismus neing zu hip hop
vor 13 Stunden · Gefällt mir · Kommentieren

[redacted] **Marcel** [redacted] sagt NEIN zu deiner Rechtschreibung
vor 19 Minuten · Gefällt mir

[redacted] **Niclas** [redacted] ach was f[redacted]dich du h[redacted]son haste ne krose frese die wirt dir noch fiel erger einbringen klaub mier oder hast du nur im indernet so ne frese weil auf der schtrase schis hast opfer #
vor etwa einer Minute · Gefällt mir

Veronika [redacted]
Ich weiß gar nicht warum so viele verwundert sind, das Husni Mubarak reicher ist als Bill Gates. Im Gegensatz zu Microsoft hatte er ein System, das rund 30 Jahre funktioniert hat.
vor 11 Stunden · Gefällt mir · Kommentieren

4 Personen gefällt das.

Jessica [redacted]
Hinter jedem erfolgreichen Mann steht eine starke Frau!
Gestern um 15:12 · Gefällt mir · Kommentieren

23 Personen gefällt das.

[redacted] **Petra** [redacted] RICHTIG!
Gestern um 15:23 · Gefällt mir

[redacted] **Marc** [redacted] ach schatz du verstehst es nicht: hinter jedem erfolgreichen mann steht eine frau die sandwiches macht
Gestern um 15:40 · Gefällt mir

[redacted] **Jessica** [redacted] Hinter jedem Mann, der seiner Freundin sagt sie solle Sandwiches machen steht eine Lotionflasche, Taschentücher und eine sehr sehr einsame Nacht!
Gestern um 15:47 · Gefällt mir · 10 Personen

Silvia [redacted]
Heute habe ich aus Langeweile bei Facebook meinen Geburtstag auf den heutigen Tag gelegt, um zu sehen, wer von meinen Freunden überhaupt weiß, wann ich wirklich Geburtstag habe. Gerade hat mir meine Schwester gratuliert.
Gestern um 17:18 · Gefällt mir · Kommentieren

32 Personen gefällt das.

Oliver [redacted]
Bald soll die Bildzeitung 70 Cent kosten. Im Vergleich zu einer Rolle Toilettenpapier ist das deutlich mehr, jedoch ist bei der Bild die Scheiße schon drinnen.
vor 7 Stunden via Handy · Gefällt mir · Kommentieren

Norbert [redacted]
Mein Bruder zeigt meiner Oma seine neue, türkise, kurze Hose. Alles was sie sagt ist "Siehst aus wie en Homo". Manuel fett, GEDISST!
vor 3 Stunden · Gefällt mir · Kommentieren

33 Personen gefällt das.

Folker [redacted]
Sollte ein Zahnarzt nicht eingentlich für Mundhygiene verantwortlich sein?
Mittwoch um 15:42 · Gefällt mir · Kommentieren

2 Personen gefällt das.

[redacted] **Cornelia** [redacted] Jep. Wieso?
Mittwoch um 15:49 · Gefällt mir

[redacted] **Folker** [redacted] Als ich heute beim Zahnarzt war, ist ihm ein Tropfen Rotze aus der Nase getropft... Genau in meinen Mund.
Mittwoch um 15:53 · Gefällt mir

[redacted] **Cornelia** [redacted] *totlach*
Mittwoch um 15:56 · Gefällt mir

[redacted] **Folker** [redacted] NICHT LUSTIG!
Mittwoch um 15:57 · Gefällt mir

Christiane [redacted]
wunderschöne nacht mit ihm gehabt, hoffentlich hält die beziehung lange! <3
Sonntag um 14:32 · Gefällt mir · Kommentieren

2 Personen gefällt das.

Dominik [redacted] wir sind nicht zusammen
Sonntag um 14:39 · Gefällt mir

Christiane [redacted] du hast aber gestern gesagt wir können es probieren :(
Sonntag um 14:44 · Gefällt mir

Dominik [redacted] gestern hatte ich 3 promille und wollte sex
Sonntag um 14:51 · Gefällt mir

Christiane [redacted] arschloch red mich nie wieder an
Sonntag um 15:03 · Gefällt mir

Jana [redacted] OMG, einfach nur OMG
Sonntag um 15:09 · Gefällt mir

Laura [redacted]
Voll Erkältet, kann nicht zur Schule... :(
vor 4 Stunden via Handy · Gefällt mir · Kommentieren

Roland [redacted] Ich glaube dir sofort das du lieber zur Schule gehen würdest. Nimm ein wenig Traubenzucker, das ist perfekt als Placebo. Das sollte die Simulantenkrankheit kurieren.
vor 4 Stunden · Gefällt mir

Laura [redacted] PAPA!!!
vor 4 Stunden · Gefällt mir

Patrick [redacted]
GLÄSERRÜCKEN heute am Abend!!
Gestern um 17:44 · Gefällt mir · Kommentieren

19 Personen gefällt das.

Patrick [redacted] Totaler Reinfall...
Gestern um 20:23 · Gefällt mir

Silvia [redacted] warum? keine erscheinung gehabt?
Gestern um 20:40 · Gefällt mir

Patrick [redacted] Das einzige, was uns beim Gläserrücken erschienen ist, war Mutter, die sagte, mein Zimmer stinkt und meine hässlichen Freunde sollen gehen.
Gestern um 20:49 · Gefällt mir · 3 Personen

Juliane [redacted]
Steh ich heut so im real an der Gemüseabteilung.. Auf einmal kommt ein dicker, fetter, haariger, alter Mann auf mich zu und sagt:"Na du, mit Gurken kennste dich aus, oder? ;)" :D:D:D:D:D:D:D:D:D:D:D:D ICH GEH NIE WIEDER INS REAL
09. April um 11:36 · Gefällt mir · Kommentieren

11 Personen gefällt das.

Webfail-Kommentar dazu:

Christof [redacted]
einmal hin, alles DRIN :D
Antwort · 105 · Gefällt mir · 30. Juli um 05:49

Johanna [redacted]
Hilter starb am 1. Mai 1945.
Osama Bin Laden starb am 1. Mai 2011

Ich bin dafür das der 1. Mai ein Feiertag wird!
vor 2 Stunden · Gefällt mir · Kommentieren

3 Personen gefällt das.

Maximilian [redacted] Der 1. Mai ist ein Feiertag...
vor 2 Stunden · Gefällt mir

Johanna [redacted] Echt? Haben die das schon verabschiedet?
vor 2 Stunden · Gefällt mir

Corina [redacted]
sex spielzeuge online kaufen
vor 19 Minuten · Gefällt mir · Kommentieren

24 Personen gefällt das.

Corina [redacted] ach du scheiße. ich dachte das ist die google toolbar, lol. weiß jemand wie ich den dreck wieder lösche?
vor 13 Minuten · Gefällt mir

Alex [redacted] Geh auf dein Profil, fahr über den Status und dann kommt so ein kleines x, mit dem kannst du den Status löschen!
vor 11 Minuten · Gefällt mir

Corina [redacted] DA IST NICHTS! omg, es tut mir so leid. was macht dieses internet nur mit mir. vielleicht ein weckruf für mich...
vor 9 Minuten · Gefällt mir

Juliiieeee [redacted] kann ja mal passieren ;) *lach*
vor 6 Minuten · Gefällt mir

Katrin [redacted]
♥♥♥ ich find ihn soooo süß und sexy!!! ♥♥♥
vor 35 Minuten · Gefällt mir · Kommentieren

2 Personen gefällt das.

Lilli [redacted] ich find aber er hat ne ziemlich große nase :D
vor 24 Minuten · Gefällt mir

Mia [redacted] Nicht so schlimm, wie die Nase eines Mannes, so ist auch sein Johannes.... :)
vor 12 Minuten · Gefällt mir

Katrin [redacted] warum johannes? der heißt doch jonas???
vor 5 Minuten · Gefällt mir

Leo [redacted]
2011 fängt ge l an ; Hangover 2, Transformers 3, Harry Potter 7.2 ♥
vor etwa einer Stunde via Handy · Gefällt mir · Kommentieren

2 Personen gefällt das.

Andreas [redacted] Wir haben juli aber auch egal...
vor 58 Minuten · Gefällt mir · 8 Personen

Mandy [redacted]
Wieso kommt immer wenn ich ein Bild hochladen will "Fehlerhafte Abfrage Der Server findet deine Anfrage verwirrend und weiß nicht wie er darauf reagieren soll."?
Gestern um 21:43 · Gefällt mir · Kommentieren

Christina [redacted] Was schließen wir daraus? Der Server ist auch nur ein Mensch.
Gestern um 22:11 · Gefällt mir · 2 Personen

Fati [redacted]
An alle: es gibt wieder neue kippen. Lucky strike, marlboro, pall mall, alle 3,50.
Nicht geschmuggelt. Legal importierte lagerware.
Mein gesamter keller ist vollgestellt, 622 stangen, trotzdem: "solange der vorrat reicht"
Ps. Bewährung läuft in 6 monaten aus also bitte fresse halten und günstig tabak geniessen!
Ich hab kein bock mehr auf Fucking knast.
Gestern um 22:03 via Handy · Gefällt mir · Kommentieren

Frank [redacted]
finde den VRN-Mannheim super! betrungener, pöbelnder Fahrgast wurde entfernt!jetzt muß ich zu fuß gehen!toll
30. April um 21:21 via Handy · Gefällt mir · Kommentieren

2 Personen gefällt das.

[redacted] **Tim** [redacted] PAPA :O
30. April um 21:22 · Gefällt mir

[redacted] **Frank** [redacted] :-)
30. April um 21:24 · Gefällt mir

[redacted] **Tim** [redacted] ne, nich lustig, es is nichmal um 10, da is man doch noch nich besoffen
30. April um 21:32 · Gefällt mir · 1 Person

Amelie [redacted]
Hausaufgaben machen, das dauert vielleicht drei Stunden.
Hausaufgaben nicht machen hingegen dauert den ganzen Tag.
vor 32 Minuten via Handy · Gefällt mir · Kommentieren

Leon [redacted]
Hat jemand eine Microsoft office seriennummer übrig? Open office kotzt mich langsam an.
vor 3 Stunden via Handy · Gefällt mir · Kommentieren

[redacted] **Robin** [redacted] L3RN-1H0W-2-B007-L3G
vor 3 Stunden · Gefällt mir

[redacted] **Leon** [redacted] funzt nicht
vor 3 Stunden · Gefällt mir

[redacted] **Robin** [redacted] URA-1D10T-4-7RY-ING
vor 3 Stunden · Gefällt mir

[redacted] **Leon** [redacted] der funzt auch nicht! Robin, du bist echt der schlechteste hacker den ich kenne
vor 3 Stunden · Gefällt mir

Elias [redacted]
Beinahe jeden Politiker kann man mittlerweile bei Facebook anstubsen. Es fehlen noch die Funktionen: schütteln, anschreien, anfurzen.
vor 2 Stunden · Gefällt mir · Kommentieren

5 Personen gefällt das.

Moritz [redacted]
Der Freund meines Vaters erzählt gerade, dass sein 11 jähriger Sohn nun ein PC-Spiel hat um jetzt schon die Verkehrsregeln zu lernen. Als ich nach dem Namen fragt, meinte er es würde GTA heißen. Mein Vater meinte ich solle mir ein Beispiel an ihm nehmen. :D
vor 11 Minuten · Gefällt mir · Kommentieren

2 Personen gefällt das.

Olaf [redacted]
Wetten machen Frauenfußball interessanter!
vor 2 Stunden · Gefällt mir · Kommentieren

4 Personen gefällt das.

[redacted] **Niklas** [redacted] Titten auch.
vor etwa einer Stunde · Gefällt mir · 3 Personen

[redacted] **Simon** [redacted] Jede menge Alkohol auch.
vor 5 Minuten · Gefällt mir

Vani [redacted]
Klub 27: Amy Winehouse gehört jetzt auch dazu. Wie schon Brian Jones, Jimi Hendrix, Janis Joplin, Jim Morrison und Kurt Cobain. Alle starben mit 27.

2021, also nur noch 10 Jahre, dann ist auch Justin Bieber 27. Haltet durch! :D
vor etwa einer Stunde · Gefällt mir · Kommentieren

32 Personen gefällt das.

Maya [redacted]
Warum scheint die Sonne eigentlich nur tagsüber, wenn es da sowieso schon hell ist?
vor 24 Minuten · Gefällt mir · Kommentieren

[redacted] **Daniel** [redacted] Eine hervorragende Frage! Kompliment! Auf die Idee kam bestimmt noch niemand. Völlig bescheuert eigentlich, dass Sie nur tagsüber scheint. Nachts, wenn es dunkel ist, wäre es viel sinnvoller... zu dumm aber auch!
vor 10 Minuten · Gefällt mir

Jenny [redacted]
Jennifer [redacted]s Laptop ohne Photoshop -> die hölle ._.
vor 39 Minuten · Gefällt mir · Kommentieren

2 Personen gefällt das.

Jenny [redacted] neuer status: LINUX ist scheiße...da geht KEIN Programm zum free download :o(
vor 24 Minuten · Gefällt mir

Laura [redacted] Ohje ...was hat den der Laptop für ein Windows ??
vor 19 Minuten · Gefällt mir

Jenny [redacted] naja linux ubuntu
vor 16 Minuten · Gefällt mir

Laura [redacted] Linux ?!? WASn das ??? Oho Schrott ??
vor 14 Minuten · Gefällt mir

Jenny [redacted] ist das Betriebssystem^^ ;) naja wir wollten die software von der webcam draufladen und da geht das nur für windows 7,vista und XP
vor 13 Minuten · Gefällt mir

Laura [redacted] Na was is das für ein windows ???? Man stress mich nicht ,ich will wissen ob das 95,97,200 usw ein Windows is ?!? ;)
vor 3 Minuten · Gefällt mir

Jenny [redacted] liebe laura, außer WINDOWS gibt es auch noch weitere Programme, diese nennt man BETRIEBSSYSTEME unteranderem auch LINUX----linux ist simpelgesagt eine mindere und kostenlos Version von WINDOWSSYSTEMEN...du you verstehen? :)
vor etwa einer Minute · Gefällt mir

Ben [redacted]
Der Blick auf meine Gehaltsabrechnung lässt nur einen Schluss zu: Ich habe meinen Beruf zum Hobby gemacht.
vor etwa einer Stunde via Handy · Gefällt mir · Kommentieren

Finn [redacted]
Wenn meine Freundin singt, gehe ich immer raus, um den Nachbarn zu zeigen, dass ich sie nicht schlage.
vor 2 Stunden via Handy · Gefällt mir · Kommentieren

6 Personen gefällt das.

Socke [redacted]
Irgendwie hass ich das wenn eine ganz bestimmte Person meine kritischen Kommentare löscht. Diese Person kann sich auch gerne wieder aus meiner Freundesliste ausladen. Ich halte das so wie im richtigen Leben.
vor 13 Stunden · Gefällt mir · Kommentieren

Socke [redacted] ..ich unfreundlicher mensch ich...
vor 13 Stunden · Gefällt mir

Socke [redacted] ..ach ich hau ihn jetzt raus...
vor 13 Stunden · Gefällt mir

Socke [redacted] ..wieder einer weniger.. ;)
vor 13 Stunden · Gefällt mir

Socke [redacted] schön langsam wirds familiär auf meinem profil...angenehm...
vor 13 Stunden · Gefällt mir

Socke [redacted] Von 300 auf 19 Freunde. ICH BIN GUT!
vor 3 Minuten · Gefällt mir

Socke [redacted] Jetzt kann ich endlich in aller Ruhe mit mir selbst schreiben...
vor etwa einer Minute · Gefällt mir

Jasmin [redacted]
In der ersten Nacht gleich abgeschleppt werden. Das bleibt ewig in Erinnerung!
vor 18 Minuten · Gefällt mir · Kommentieren

6 Personen gefällt das.

[redacted] **Silvia** [redacted] haha ich war dabei war echt sau geil
vor 14 Minuten · Gefällt mir

[redacted] **Max** [redacted] du miststück!!!! wie kanst du das auch noch auf fb posten? ES IST AUS!
vor 10 Minuten · Gefällt mir

[redacted] **Silvia** [redacted] max was ist mit dir?
vor 8 Minuten · Gefällt mir

[redacted] **Jasmin** [redacted] Schatz, mein Auto wurde abgeschleppt! Nicht ich. Wie du weißt, hab ich seit gestern den Führerschein...
vor 6 Minuten · Gefällt mir

[redacted] **Max** [redacted] fuck omg ich bin so peinlich. tut mir leid baby. aber mein herz ist gerade für 10 min stehen geblieben. ild
vor 3 Minuten · Gefällt mir

Julia [redacted]
Etwas fehlt in meinem herzen es ist so ler seit der trenung
vor 2 Stunden · Gefällt mir · Kommentieren

[redacted] **Tobi** [redacted] Dir fehlt ein Komma, ein e in leer und ein n in Trennung
vor 2 Stunden · Gefällt mir

[redacted] **Julia** [redacted] und dir felt ein herz!
vor 2 Stunden · Gefällt mir

[redacted] **Tobi** [redacted] Schon besser. Es feHlt nur ein h. Rat mal wo?
vor 2 Stunden · Gefällt mir

Janine [redacted]
Liebe ist...
vor 12 Minuten · Gefällt mir · Kommentieren

Nicole [redacted] ...wenn ein Kuss nicht nur die Haut sondern auch das Herz berührt!
vor 5 Minuten · Gefällt mir

Rainer [redacted] ... zum kotzen.
vor 5 Minuten · Gefällt mir

Michi [redacted] ... beschissen.
vor 5 Minuten · Gefällt mir

Ano [redacted] ... sex.
vor 5 Minuten · Gefällt mir

Claudia [redacted] ... was für Frauen. Ihr Männer habt anscheinend ein gestörtes Verhältnis dazu.
vor 2 Minuten · Gefällt mir

Katharina [redacted]
Der Arbeitslosenkurs ist die schlechteste Ausbildung aller Zeiten. Die haben die schlechtesten Lehrer und Berater. Das ganze System ist dumm. Ich kann nur sagen, ich hasse dieses Kurs!
Gestern um 18:58 · Gefällt mir · Kommentieren

4 Personen gefällt das.

Gerhard [redacted] das ist der grund warum ich nicht mehr hingehe hab mich dort wie ein genie gefühlt
Gestern um 19:14 · Gefällt mir

Katharina [redacted] Sie machen mich dort so wütend!!! Im Computerkurs zeigen sie wie man Microsoft 2007 benutzt. KEIN MENSCH nutz noch Microsoft. Alle nutzen nurnoch XP oder Vista!
Gestern um 19:27 · Gefällt mir

Max [redacted]
Und so schnell ist das geld wieder weg...
vor 53 Minuten via Handy · Gefällt mir · Kommentieren

2 Personen gefällt das.

Kerstin [redacted] Wo zur Hölle bist du?
vor 32 Minuten · Gefällt mir

Max [redacted] Erinnerste dich an den juwelier, wo dir das diamantkettchen so gefiel?
vor 18 Minuten · Gefällt mir

Kerstin [redacted] Ja! ♥
vor 14 Minuten · Gefällt mir

Max [redacted] Bin in der kneipe gegenüber
vor 11 Minuten · Gefällt mir

Oliver [redacted]
Jesus verwandelt Wasser in Wein - ihn kennt jeder. Ich verwandel mein halbes Bafög in Bier! Mich kennt keiner
vor 9 Stunden · Gefällt mir · Kommentieren

27 Personen gefällt das.

Armin [redacted] lol, alt aber gut
vor 8 Stunden · Gefällt mir

Andreas [redacted] dude, so besoffen wie du immer bist, kennt dich das ganze Wohnheim
vor 8 Stunden · Gefällt mir

Jürgen [redacted] Und sowas werden die späteren Führungskräfte...
vor 8 Stunden · Gefällt mir

Desara [redacted]
Mit ihrem Schatzi die Mondfinsternis in Berlin ansehen.
vor 19 Stunden · Gefällt mir · Kommentieren

5 Personen gefällt das.

Anja [redacted] wäre auch gerne in berlin um das zu sehen :(
vor 19 Stunden · Gefällt mir

Desara [redacted] Du kannst es überall ansehen...
vor 19 Stunden · Gefällt mir

Anja [redacted] ja aber ich will heute nicht mehr nach berlin fahren.
vor 19 Stunden · Gefällt mir

Desara [redacted] Anja, stell dich nicht so blöd an. Schau es dir einfach von zu Hause aus an.
vor 19 Stunden · Gefällt mir

Anja [redacted] was redest du? soll ich es mir im fernsehen ansehen oder wie?
vor 18 Stunden · Gefällt mir

Angelika [redacted]
Wenn du mit etwas unzufrieden bist, dann veränder es!
vor 2 Stunden · Gefällt mir · Kommentieren

8 Personen gefällt das.

Rainer [redacted] Mein Motto!
vor 2 Stunden · Gefällt mir

Enrico [redacted] Wie kann ich dich verändern?
vor 2 Stunden · Gefällt mir

Bernhard [redacted]
Ich weiß du hattest gestern VIEL Spaß auf der Party. Aber ich brauch den Pokal zurück!
vor 4 Stunden · Gefällt mir · Kommentieren

2 Personen gefällt das.

Robert [redacted] ich hab einen pokal gestohlen?
vor 4 Stunden · Gefällt mir

Bernhard [redacted] Ja! Es ist der Gymnastik Pokal meiner kleinen Schwester. Wenn sie herausfindet, dass der Pokal weg ist, wird sie ausflippen.
vor 4 Stunden · Gefällt mir

Robert [redacted] haha, ich hab ehrlich gesagt keine ahnung. wo könnte der sein?
vor 4 Stunden · Gefällt mir

Bernhard [redacted] LOL, erinnerst du dich wirklich nicht? Du hast ihn den ganzen Abend lang herum getragen und gegen 2 Uhr hast du damit einen Obdachlosen geadelt und zu ihm gesagt: Möge die Kraft mit dir sein.
vor 3 Stunden · Gefällt mir

Steffi [redacted]
Was sagt der Wind zur Palme? -Halt deine Nüsse fest, ich blas dir einen!
vor 9 Minuten · Gefällt mir · Kommentieren

1 Person gefällt das.

Dagmar [redacted] :-O ...
Mamaaa.. Wenn ich daheim bin reden wir!
vor 2 Minuten · Gefällt mir

Merd [redacted]
alter ich werd arm
vor 7 Stunden · Gefällt mir · Kommentieren

Andreas [redacted] Was ist los?
vor 7 Stunden · Gefällt mir

Merd [redacted] meine ex ist schwanger, und kann und hab schon kein geld für unterhalt meiner anderen kinder
vor 7 Stunden · Gefällt mir

Andreas [redacted] Da gibt es eine einfache Lösung.
vor 7 Stunden · Gefällt mir

Merd [redacted] jugendamt? zahlt schon vorrauszahlung für kinder
vor 7 Stunden · Gefällt mir

Andreas [redacted] Die beste Anlage in der Wirtschaftskrise, wenn du mit einberechnest, wieviel Geld die dir ersparen kann: Kondome.
vor 7 Stunden · Gefällt mir

Ben [redacted]
Hinter jeder erfolgreichen Frau steht mindestens ein Mann der ihr den Arsch stopft oder gestopft hat!
vor 5 Stunden · Gefällt mir · Kommentieren

2 Personen gefällt das.

Jasmin [redacted] Umkehrschluss: Vor jedem Mann, der einer Frau den Allerwertesten füllt, steht als eine erfolgreiche Frau. Wenn der Mann mal seinen eigenen Arsch bewegen würde, könnte er aus dem Hinterteil der Frau kriechen!
vor 5 Stunden · Gefällt mir · 14 Personen

Ben [redacted] sooooo war das nicht gemeint...
vor 5 Stunden · Gefällt mir

Alejandro [redacted]
Vorteil wenn man mit dem Auto übers Gepäck fährt: Wird komprimiert. Nachteil: wenn der Laptop und anderes drin ist. Argh!
vor 8 Minuten via Handy · Gefällt mir · Kommentieren

2 Personen gefällt das.

[redacted] **Anne** [redacted] ist nicht dein ernst.
vor 8 Minuten · Gefällt mir

[redacted] **Steffi** [redacted] ohne witz???
vor 7 Minuten · Gefällt mir

[redacted] **Nicole** [redacted] ach du scheiße :-D
vor 7 Minuten · Gefällt mir

[redacted] **Alejandro** [redacted] Naja und als meine Mutter gemerkt hat, dass es so schwer geht rückwärts zu fahren, hat se einfach mal mehr Gas gegeben -.-
vor 6 Minuten · Gefällt mir · 3 Personen

[redacted] **Rainer** [redacted] :D
vor 6 Minuten · Gefällt mir

[redacted] **Pascal** [redacted] :D
vor 6 Minuten · Gefällt mir

[redacted] **Steffi** [redacted] ich weiß nicht so recht, ob ich lachen oder mit dir Mitleid haben soll...
vor 4 Minuten · Gefällt mir

[redacted] **Janina** [redacted] Wofür gibts ne Haftpflicht :)
vor 4 Minuten · Gefällt mir

Sandra [redacted]
Mein Urlaub rückt immer näher...
Gestern um 00:32 · Gefällt mir · Kommentieren

5 Personen gefällt das.

[redacted] **Nicole** [redacted] ich fahre langsam mit meiner hand unter meinen string und fange an zu reiben
Gestern um 00:42 · Gefällt mir · 14 Personen

[redacted] **Peter** [redacted] wtf? :D
Gestern um 00:43 · Gefällt mir

[redacted] **Sandra** [redacted] Eh, Nicole?
Gestern um 00:43 · Gefällt mir

[redacted] **Florian** [redacted] Das wird ein Webfail! :)
Gestern um 00:43 · Gefällt mir

[redacted] **Nicole** [redacted] scheiße! lösch das!!! das sollte in den chat!!
Gestern um 00:45 · Gefällt mir

Phil [redacted]
bambambam, vorhin besten sex gehabt!
vor 20 Minuten · Gefällt mir · Kommentieren

[redacted] **Caro** [redacted] wen interessiert das? weist jule auch davon? :)
vor 18 Minuten · Gefällt mir

[redacted] **Phil** [redacted] na klar, übesltes gewitter! ich wie ein donner und sie wie ein blitzzzz!
vor 7 Minuten · Gefällt mir

[redacted] **Julia** [redacted] ja nur das der donner gekommen ist, der blitz aber nicht...
vor 5 Minuten · Gefällt mir

Juli [redacted]
noch zwei mal schlafen, dann kommt letzter harry potter film!!!! weiß einer wie es weiter geht?? kanns kaum erwarten........ und bin gleichzeitig so traurig
vor 31 Minuten · Gefällt mir · Kommentieren

[redacted] **Falko** [redacted] Du kannst auch einfach das Buch lesen, das gibt es schon ein paar Jahre.
vor 12 Minuten · Gefällt mir

[redacted] **Juli** [redacted] der film kommt erst ins kino. wenns das schon davor geben würde würde sich das ja keiner anschauen! die bücher sind von vorherigen filmen. wenn du keine ahnung hast, fresse!
vor 3 Minuten · Gefällt mir

Webfail-Kommentar dazu:

Adrian [redacted]
sie hat recht, es gibt garkeine buchverfilmungen, nuuuuuuuuuuuuuuuuuuuuuuuuuuur filmverbuchungen ;) :D
Antwort · 11587 · Gefällt mir · 15. Juli um 11:25

Ann-Sophie [redacted]
Männer mögen das Feuer entdeckt haben, aber Frauen haben entdeckt, wie man damit spielt.
vor 4 Stunden · Gefällt mir · Kommentieren

2 Personen gefällt das.

[redacted] **Titt** [redacted] joa nennt man kochen :D
vor 4 Stunden · Gefällt mir · 7 Personen

Tina [redacted]
nur noch rasieren, duschen, eincremen, anziehen, schminken, haare machen und parfümieren dann geht es zum ersten Date mit Thomi! Freu mich! <3
vor 33 Minuten · Gefällt mir · Kommentieren

3 Personen gefällt das.

[redacted] **Julia** [redacted] viel spaß heut abend süße!
vor 29 Minuten · Gefällt mir

[redacted] **Thomas** [redacted] Freue mich auch schon, aber ich steh nicht so drauf wenn alles weg ist. Ist dann ja wie bei Kindern...
vor 10 Minuten · Gefällt mir

[redacted] **Miriam** [redacted] Oh man, das meine Schwester nur so VOLLIDIOTEN wie dich findet ist mir ein Rätsel. Frauen bestehen nicht nur aus einem Genitalbereich!
vor 4 Minuten · Gefällt mir

Webfail-Kommentar dazu:

Anderson [redacted]
ihre Schwester hat also mehrere Genitalbereiche...so so interessant
Antwort · 1752 · Gefällt mir · 17. Juli um 11:04

Linda [redacted]
Bitte verlass mich nich! Wenn du doch nur mein Herz sehen könntest, was würdest du dann tun?
vor 2 Stunden · Gefällt mir · Kommentieren

2 Personen gefällt das.

[redacted] **Dennis** [redacted] Den Notarzt rufen
vor 41 Minuten · Gefällt mir

Lars [redacted]
mir tut alles weh heute...
vor 22 Minuten · Gefällt mir · Kommentieren

[redacted] **Jojo** [redacted] Was hast denn gemacht? :)
vor 20 Minuten · Gefällt mir

[redacted] **Lars** [redacted] war besoffen und hab mitm kumpel scheiße gebaut... erzähl ich dir mal so.
vor 19 Minuten · Gefällt mir

[redacted] **Simon** [redacted] wie immer. jetzt hast mich aber auhc neugierig gemacht, sag schon :-)
vor 17 Minuten · Gefällt mir · 1 Person

[redacted] **Lars** [redacted] also gut.gestern nach der uniparty bin ich mit meinem mitbewohner losgezogen. waren beide hackedicht. hatte vom fasching noch ne maske. stürmen ins zimmer von meinem mitbewohner-ersti. der schon pennen war. kriegt den schock seines lebens... was ich nicht wusste, dass er mal boxen gemacht hat. blaues auge, nasenbluten. mein kumpel ist rückwärts über einen stuhl gestolpert... ^^
vor 8 Minuten · Gefällt mir · 7 Personen

[redacted] **Simon** [redacted] aaalter, ist nicht dein ernst!! der benne? :-D
vor 6 Minuten · Gefällt mir

Webfail-Kommentar dazu:

Artem [redacted]
gut das sein mitbewohner nicht im schützenverein ist :D
Antwort · 1990 · Gefällt mir · 20. Juli um 11:01

Tobi [redacted]
hat heute mal wieder meine Klasse inkl. Lehrer zum lachen gebracht...
vor 15 Minuten · Gefällt mir · Kommentieren

Markus [redacted] worum gings?
vor 11 Minuten · Gefällt mir

Tobi [redacted] bin heute morgen zu spät gekommen. hab die tür leise aufgemacht, hab meine hände geschüttelt und laut ffffffüüüüüü ausgeatmet und auf meinen platz gesetzt. als mich der [redacted] dann gefragt hat, was mit mir los sei, hab ich gesagt: Verdammt, wie haben Sie mich erkannt, hatte mich eigentlich als Wind getarnt! ^^ :D
vor 6 Minuten · Gefällt mir · 2 Personen

Sebastian [redacted] das war so geil, das kannst aber auch nur beim [redacted] bringen XD
vor 3 Minuten · Gefällt mir

Susanne [redacted]
Wieso kommt das, wenn ich bilder hochladen will: Fehlerhafte Abfrage Der Server findet deine Anfrage verwirrend und weiß nicht, wie er darauf reagieren soll???
vor 8 Stunden · Gefällt mir · Kommentieren

2 Personen gefällt das.

Felix [redacted] FB spinnt öfter mal...
vor 8 Stunden · Gefällt mir

Elisabeth [redacted] der sever hat wohl im gegensatz zu meinem EX-FREUND halt geschmack und aktzeptiert nicht bilder von jeder schlampe!!!
vor 8 Stunden · Gefällt mir

Domi [redacted] Wie konntest du dann ein profilbild hochladen, Eli? ich kann den server gar nicht verstehen, ich fand sie geil!
vor 8 Stunden · Gefällt mir

Jonas [redacted]
ich verdreh allen mädelsden kopf, mein deckel passt in jeden topf... :D
vor 41 Minuten · Gefällt mir · Kommentieren

2 Personen gefällt das.

Sandra [redacted] Klar verdrehst du den Mädels den Kopf. Wenn du auf ein Mädel zugehst, schaut die lieber woanders hin...
vor 32 Minuten · Gefällt mir · 13 Personen

Jonas [redacted] ... wann dann schauen die nur woanders hin, um nicht von meiner schönheit geblendet zu werden... :D
vor 31 Minuten · Gefällt mir

Sandra [redacted] ... das hat nichts mit deiner Schönheit zu tun, sondern eher mit dem Duft der dir vorauseilt.
vor 28 Minuten · Gefällt mir · 7 Personen

Jonas [redacted] hey, ich hab hugo bos! was willst du eigentlich du f[redacted]! dich will ich eh nicht ham!
vor 20 Minuten · Gefällt mir

Michi [redacted]
meine freundin hat mit mir schlus gemacht... :(
vor 36 Minuten · Gefällt mir · Kommentieren

Kai [redacted] tut mir echt leid für dich. darf man wissen wieso?
vor 32 Minuten · Gefällt mir

Michi [redacted] ich schreibe angeblich zu viel über mein privatleben ins internet
vor 30 Minuten · Gefällt mir

Bo [redacted] und du wunderst dich noch warum? :D
vor 27 Minuten · Gefällt mir · 3 Personen

Alexander [redacted]
Wo bist du gestern denn so plötzlich verschwunden? Hat mich jedenfalls voll gefreut dich wal wieder zu sehen
vor 41 Minuten · Gefällt mir · Kommentieren

[redacted] **Susi** [redacted] Greenpeace hat mich gefunden und verschleppt. Befinde mich gerade auf hohe See.
vor 11 Minuten · Gefällt mir

[redacted] **Alexander** [redacted] Oh shit. Meinte natürlich mal!
vor 2 Minuten · Gefällt mir

Webfail-Kommentar dazu:

Philipp [redacted]
Hätten die Japaner sie gefunden, wäre noch ein "h" in ihren Namen gerutscht.
Antwort · 1108 · Gefällt mir · 28. Juli um 11:35

Anna [redacted]
Zwei Blondinen gingen durch einen Wald. Die eine sieht nach unten und sagt: "Schau Dir die Rehspuren an." Sagt die andere: "Nein, das sind Wolfspuren!" - "Nein Rehspuren!" Als sie eine Stunde diskutiert hatten wurden sie beide vom Zug überfahren.
vor 6 Stunden · Gefällt mir · Kommentieren

11 Personen gefällt das.

[redacted] **Daniela** [redacted] versteh ich jetzt net. welche spuren sind es denn nun?
vor 6 Stunden · Gefällt mir

Martina [redacted]
ich bin so dum...
vor 25 Minuten · Gefällt mir · Kommentieren

5 Personen gefällt das.

[redacted] **Patric** [redacted] da hast du recht!
vor 19 Minuten · Gefällt mir · 1 Person

[redacted] **Arne** [redacted] ich hoffe du erwartest nicht das dir einer wiederspricht
vor 16 Minuten · Gefällt mir

[redacted] **Jan** [redacted] Einsicht ist der erste weg zur Besserung!
vor 9 Minuten · Gefällt mir · 2 Personen

[redacted] **Sascha** [redacted] * dumm, nicht dum, d.h. dumm
vor 8 Minuten · Gefällt mir · 1 Person

[redacted] **Martina** [redacted] was heißt d.h.?
vor 7 Minuten · Gefällt mir

Webfail-Kommentar dazu:

Domi [redacted]
Nach dem 3. Kommentar meint man des war´s , aber dann...
Bäääm! Kopf meets Tischplatte!
Antwort · 881 · Gefällt mir · 01. August um 11:22

Markus [redacted]
Mein Hund rennt schon seit 5 Minuten seinem Schwanz im Kreis hinterher. Witzig, wie leicht er zu unterhalten ist. Dann hab ich erkannt, dass ich ihm selbst schon seit 5 Minuten zuschaue. ^^
vor 9 Minuten · Gefällt mir · Kommentieren

2 Personen gefällt das.

Maria [redacted]
Hot or Not? Like = Hot - Kommentar = Not
vor 42 Minuten · Gefällt mir · Kommentieren

[redacted] **Roman** [redacted] Not
vor 30 Minuten · Gefällt mir

[redacted] **Amy** [redacted] not
vor 28 Minuten · Gefällt mir

[redacted] **Peter** [redacted] not
vor 24 Minuten · Gefällt mir

[redacted] **Johnny** [redacted] NOT
vor 21 Minuten · Gefällt mir

[redacted] **Robert** [redacted] not
vor 18 Minuten · Gefällt mir

[redacted] **Maria** [redacted] :(ihr seit so gemein. ich lösche euch alle!
vor 12 Minuten · Gefällt mir

[redacted] **Johnny** [redacted] Du wolltest doch dass wir ehrlich sind, oder?
vor 10 Minuten · Gefällt mir

[redacted] **Matthias** [redacted] definitiv not
vor 8 Minuten · Gefällt mir

[redacted] **Amy** [redacted] Sry kleine, aber du bist nunmal nicht hot....
vor 5 Minuten · Gefällt mir

Mandy [redacted]
Gerade bei elterngesprech in Schule gewesen. Der meinte mein David braucht Nachilfe in Rechschreibung. Dabei schreibt er besser als viel Erwachsene, typisch Beamte. Bin auf so sauer!
vor 43 Minuten · Gefällt mir · Kommentieren

Stefan [redacted]
Hausarrest für 2 Wochen ohne fernsehen :(
vor 4 Stunden · Gefällt mir · Kommentieren

3 Personen gefällt das.

[redacted] **Karin** [redacted] Ich sagte auch kein Internet! Bring mir sofort die Maus und die Tastatur herunter!
vor 4 Stunden · Gefällt mir

[redacted] **Patrick** [redacted] man o man. du tust mir leid. 2 wochen hausarrest ohne tv und net? wahnsinn. na wenigsten hast du ja noch deine Pornoheftesammlung ;)
vor 3 Stunden · Gefällt mir

[redacted] **Lukas** [redacted] oh, da würd ich die box aber jetzt mal schnell ausm bett hervorholen und verstekcen ;)
vor 3 Stunden · Gefällt mir

[redacted] **Karin** [redacted] Bereits gefunden, nochmal 2 Wochen
vor 3 Stunden · Gefällt mir · 6 Personen

Matze [redacted]
D1353 M1TT31LUNG Z31GT D1R, ZU W3LCH3N GRO554RT1G3N L315TUNG3N UN53R G3H1RN F43H1G 15T! 4M 4NF4NG W4R 35 51CH3R NOCH 5CHW3R, D45 ZU L353N, 483R M1TTL3W31L3 K4NN5T DU D45 W4HR5CH31NL1ICH 5CHON G4NZ GUT L353N, OHN3 D455 35 D1CH W1RKL1CH 4N5TR3NGT. D45 L315T3T D31N G3H1RN M1T 531N3R 3NORM3N L3RNF43HIGKEIT. 8331NDRUCK3ND, OD3R? DU D4RF5T D45 G3RN3 L1K3N W3NN DU 4UCH 4ND3R3 D4M1T 83G315T3RN W1LL5T ;))
vor 24 Minuten · Gefällt mir · Kommentieren

2 Personen gefällt das.

[redacted] **Lisa** [redacted] häää??
vor 20 Minuten · Gefällt mir · 3 Personen

Claus [redacted]
Cod online zocken mit Freunden.
Gestern um 19:12 · Gefällt mir · Kommentieren

14 Personen gefällt das.

Christine [redacted] ich will auch mitspielen. wo muss ich den code eingeben?
Gestern um 19:27 · Gefällt mir

Claus [redacted] Nix da Code eingeben. Wir spielen online COD.
Gestern um 19:32 · Gefällt mir

Christine [redacted] ist mir schon klar online. aber wenn ihr code spielt müsst ihr wohl iwo nen code eingeben oder?
Gestern um 19:37 · Gefällt mir

Claus [redacted] Ok ich verrate es dir. Antworte auf diesen Status einfach mit genau folgendem: codedeinpwasswortcode. Dann kommt das Spiel. Also zuerst code schreiben, dann dein Passwort und dann noch mal code am Ende.
Gestern um 19:42 · Gefällt mir

Christine [redacted] Ok ich probiers. codelasvegas14code
Gestern um 19:45 · Gefällt mir

Christine [redacted] kommt nichts...
Gestern um 19:45 · Gefällt mir

Claus [redacted] :D
Gestern um 19:48 · Gefällt mir

Philip [redacted] *tränenlach*
Gestern um 19:50 · Gefällt mir

Marieke [redacted]
Warum fragt mich Facebook ob ich mit dir in einer Beziehung bin?
Mittwoch um 16:19 · Gefällt mir · Kommentieren

2 Personen gefällt das.

[redacted] **Stefan** [redacted] das ist der weg wie ich dich frage
Mittwoch um 16:27 · Gefällt mir

[redacted] **Marieke** [redacted] Was? Warum?
Mittwoch um 16:29 · Gefällt mir

[redacted] **Stefan** [redacted] willst du mit mir zusammen sein
Mittwoch um 16:32 · Gefällt mir

[redacted] **Marieke** [redacted] WTF! NEIN!
Mittwoch um 16:35 · Gefällt mir

[redacted] **Stefan** [redacted] geh einfach scheißen du hast mit jedem was was ist an mir so falsch
Mittwoch um 16:41 · Gefällt mir

[redacted] **Marieke** [redacted] aha ok...
Mittwoch um 16:43 · Gefällt mir

[redacted] **Stefan** [redacted] also ist das ein ja
Mittwoch um 16:46 · Gefällt mir

[redacted] **Marieke** [redacted] NEIN
Mittwoch um 16:47 · Gefällt mir

Patrizia [redacted]
Facebook ist wie mein Kühlschrank. Ich weiß, dass nichts neues drin ist, aber ich schau trotzdem alle 15 Minuten rein.
vor 17 Minuten · Gefällt mir · Kommentieren

2 Personen gefällt das.

Bianca [redacted]
ah, ich dreh durch. mein dad ist einfach nur gemein. ach wie ich es liebe wenn einen die eltern den ganzen tag nur nerven!
vor 17 Stunden · Gefällt mir · Kommentieren

3 Personen gefällt das.

Johannes [redacted] Was?
vor 17 Stunden · Gefällt mir

Johannes [redacted] Wieso?
vor 17 Stunden · Gefällt mir

Johannes [redacted] Wie kannst du nur sagen, dass ich dich nerve?
vor 17 Stunden · Gefällt mir

Johannes [redacted] Ich bin rund 30\' entfernt in einem anderem Raum.
vor 17 Stunden · Gefällt mir

Johannes [redacted] Du willst ja, dass Leute dir schreiben.
vor 17 Stunden · Gefällt mir

Johannes [redacted] Ich sitze da und dachte mir ich schreib dir.
vor 17 Stunden · Gefällt mir

Johannes [redacted] Das macht Spaß
vor 17 Stunden · Gefällt mir

Johannes [redacted] Ich bin froh, dass du mir einen Facebook Account gemacht hast.
vor 17 Stunden · Gefällt mir

Johannes [redacted] Ich poste nur um sicher zu gehen, dass du die Nachricht bekommen hast.
vor 17 Stunden · Gefällt mir

Johannes [redacted] Hast du meine private Nachrichten bekommen?
vor 17 Stunden · Gefällt mir

Andre [redacted]
und? was kam noch raus bei dem verhör mit dem cheffe?
09. August um 22:35 · Gefällt mir · Kommentieren

Markus [redacted] puh, der war schweine sauer am anfang. musste ihm 30 min erklären, dass es nicht gegen ihn gerichtet war
09. August um 23:14 · Gefällt mir

Nicole [redacted] Was ist passiert?
09. August um 23:19 · Gefällt mir

Markus [redacted] Lange Geschichte...
09. August um 23:22 · Gefällt mir

Andre [redacted] So lang auch wieder nicht. Folgendes: Einleitung: unser Lehrling kommt meist zu spät zur Arbeit. Damit ziehen wir ihn immer auf. Heute auf der Arbeit geht die Tür hinter Markus auf, er dachte es wäre unser Lehrling und sagt ohne sich umzudrehen: Hey du Spaten, auch schon da? Wenn du nachts nicht immer noch die Pornos auf Sport1 reinziehen würdest, kämst du auch früher aus dem Bett! Leider war es nicht der Lehrling, sondern der Chef kam rein. :D
09. August um 23:31 · Gefällt mir

Caren [redacted]
bin endlich da wo ich immer sein wollte! ♥ ich liebe es!
vor 11 Minuten · Gefällt mir · Kommentieren

Paul [redacted] bring bier und chips mit, sitze im wohnzimmer
vor 8 Minuten · Gefällt mir · 👍 3 Personen

Caren [redacted] du witzbold, bin nicht mal in münchen. :P
vor 5 Minuten · Gefällt mir

Paul [redacted] oha, die kette ist eindeutig zu lang. ^^
vor 2 Minuten · Gefällt mir · 👍 2 Personen

Christian [redacted]
umfrage: was habt ihr im gelbeutel? ich hab 2 mal 5€ scheine, 2,10€ in 50 cent stücke und 17 cent in 2 und 5 cent stücken :)
vor 36 Minuten · Gefällt mir · Kommentieren

[redacted] **Mirko** [redacted] 8,34 Euro
vor 24 Minuten · Gefällt mir

[redacted] **Jacqui** [redacted] 2,10€ in 50 Cent Stücken?
vor 13 Minuten · Gefällt mir

[redacted] **Christian** [redacted] ja und?
vor 12 Minuten · Gefällt mir

[redacted] **Jacqui** [redacted] Das 50 Cent Stück das 10 Cent wert ist will ich sehen.
vor 7 Minuten · Gefällt mir

[redacted] **Christian** [redacted] hä?
vor 7 Minuten · Gefällt mir

[redacted] **Jacqui** [redacted] Umfrage: wieviel Gehirnzellen hast du im Kopf?
vor 6 Minuten · Gefällt mir

[redacted] **Christian** [redacted] was willst du? 5000 mindestens!
vor 4 Minuten · Gefällt mir

Franz [redacted]
Lukas, ich hab Dich bereits einmal verwarnt. Du sollst nicht während der Arbeit auf Facebook rumsurfen. Vielleicht verstehst Du es so besser? - Gez. Dein Chef
vor 17 Minuten · Gefällt mir · Kommentieren

[redacted] **Lukas** [redacted] Ich bin gar nicht ständig bei Facebook online.
vor 15 Minuten · Gefällt mir

Victoria [redacted]
kann mir bitte jemand helfen. komm mit dem pc nicht mehr ins internet
vor etwa einer Stunde via Handy · Gefällt mir · Kommentieren

2 Personen gefällt das.

[redacted] **Manfred** [redacted] Zieh das Wlan Kabel raus und steck es nochmal an.
vor etwa einer Stunde · Gefällt mir

[redacted] **Victoria** [redacted] welches ist das?
vor etwa einer Stunde · Gefällt mir

[redacted] **Manfred** [redacted] Hinten am Pc. Das dickste schwarze Kabel
vor 55 Minuten · Gefällt mir

[redacted] **Victoria** [redacted] omg was ist jetzt los. der ganze bildschirm ist schwarz
vor 47 Minuten · Gefällt mir

[redacted] **Manfred** [redacted] Ok, ich bin nicht so. Schalte einfach den Pc neu ein ;)
vor 45 Minuten · Gefällt mir

Dedic [redacted]
der hass bregt mein leben!
25. Juli um 15:04 via Handy · Gefällt mir · Kommentieren

[redacted] **Finn** [redacted] pregt*
25. Juli um 15:11 · Gefällt mir

[redacted] **Lasse** [redacted] brägt du homo
25. Juli um 15:15 · Gefällt mir

[redacted] **Pia** [redacted] PRÄGT!!!
25. Juli um 15:27 · Gefällt mir · 2 Personen

Leo [redacted]
party heute am abend. wir sicher geil!
Samstag um 15:16 · Gefällt mir · Kommentieren

19 Personen gefällt das.

Max [redacted] ich freu mich auch schon total. wird sicher a fetzn gaudi.
Samstag um 15:23 · Gefällt mir

Leo [redacted] juhu. sexy tanja kommt auch.
Samstag um 15:27 · Gefällt mir

Franz [redacted] Du bist 16, Sex existiert für dich nicht, so wie der Osterhase.
Samstag um 15:32 · Gefällt mir

Leo [redacted] und du bist verheiratet sex existiert für dich auch nicht ;)
Samstag um 15:39 · Gefällt mir

Franz [redacted] Wie wahr mein Sohn, wie wahr.
Samstag um 15:41 · Gefällt mir

Norbert [redacted]
jetzt schlaffen im bett...
vor 17 Minuten · Gefällt mir · Kommentieren

Jonas [redacted] Mein Beileid! Blaue Pillen können helfen.
vor 14 Minuten · Gefällt mir

Norbert [redacted] hä, was wieso?
vor 11 Minuten · Gefällt mir

Jonas [redacted] Viagra? Lies doch mal deinen Status oben. ;)
vor 10 Minuten · Gefällt mir

Sophie [redacted]
bin wieder daaaaaa!!!!
24. Juni um 10:40 · Gefällt mir · Kommentieren

2 Personen gefällt das.

[redacted] **Tobias** [redacted] Da simma aber froh...;DD ♥
24. Juni um 11:16 · Gefällt mir

[redacted] **Sophie** [redacted] ♥
24. Juni um 13:54 · Gefällt mir

[redacted] **Ben** [redacted] ich auch :D
24. Juni um 14:45 · Gefällt mir

[redacted] **Johnny** [redacted] Super, und in China fällt ein Sack Reis um -.-
24. Juni um 15:22 · Gefällt mir · 3 Personen

[redacted] **Sophie** [redacted] warum des???ich war in kroatien!!
24. Juni um 15:57 · Gefällt mir

Marie [redacted]
Beschreibe Mich mit nur einem Wort!!! Aber ACHTUNG!!!! Das Wort Muss Mit Dem Anfangsbuchstaben Deines Vornamens Beginnen!!! Kopiere Das In Deinen Status
vor 2 Stunden · Gefällt mir · Kommentieren

[redacted] **Ulrike** [redacted] fantastisch
vor 2 Stunden · Gefällt mir

[redacted] **Bernd** [redacted] @ Ulrike: blöd!
vor etwa einer Stunde · Gefällt mir · 2 Personen

Nadine [redacted]
Egal was Du einer FRAU gibst, sie wird es schaffen etwas Grösseres daraus zu machen. Gib ihr Sperma, gibt sie Dir ein Baby. Gib ihr ein Haus, gibt sie Dir ein Zuhause. Gib ihr Lebensmittel, gibt sie dir eine Mahlzeit. Gib ihr Liebe, sie wird Dir ihr Herz schenken! Sie vermehrt u vergrößert alles was man ihr gibt! Also wenn du sie wie Dreck behandelst, sei bereit eine Tonne SCHEISSE zu erhalten!
vor 21 Minuten · Gefällt mir · Kommentieren

2 Personen gefällt das.

Nick [redacted] das mit der Tonne Scheiße ist genial XD
vor 18 Minuten · Gefällt mir

Fabian [redacted] Gib ihr Geld und sie gibt dir das vielfache an Schulden zurück!
vor 14 Minuten · Gefällt mir · 3 Personen

Sven [redacted]
Frühstück im Bett mit Anja, so kann ein Tag anfangen. :)
vor 4 Stunden via Handy · Gefällt mir · Kommentieren

4 Personen gefällt das.

Timo [redacted] heisst deine freundin nicht steffi, oder bin ich nicht up-to-date?
vor 4 Stunden · Gefällt mir

Franzi [redacted] Ich hoff mal, das war die Autokorrektur von deinem Handy und du hast nur den Namen falsch geschrieben
vor 3 Stunden · Gefällt mir

Stefanie [redacted] warum frühstückst du mit einer anderen im bett?? mit mir hast du das noch nie getan!!!
vor 3 Stunden · Gefällt mir

Maximilian [redacted]
Was ist besser XBox oder PS3
22. August um 22:00 · Gefällt mir · Kommentieren

Frank [redacted] Für dich Englisch Vokabeln, mein Freund!
22. August um 22:07 · Gefällt mir · 3 Personen

VATER

Maximilian [redacted] haha
22. August um 22:07 · Gefällt mir

Simon [redacted] :D
22. August um 22:08 · Gefällt mir

Christina [redacted]
Wen du mich hast, lösch mich. wen du mich magst, druck auf gfällt mir. wen du denkst ich gute freundin, kommentier das. wen du mal in mich verlibt warst, dan stubbs mich an. wen du mich immer noch libst, dan schick mir ein nachricht.
vor 24 Minuten · Gefällt mir · Kommentieren

Sebastian [redacted] Was soll ich tun, wenn ich denke, dass Du nicht schreiben kannst?
vor 21 Minuten · Gefällt mir · 4 Personen

Kevin [redacted]
ich kann euch alle nur auslachen, wo bei dem wetter fürs abi lernen müssen, haha. XD zum glück hab ich die schule abgebrochen. träumt weiter von der grossen kariere, ihr pfosten. ich mach das grosse geld!
vor 18 Minuten · Gefällt mir · Kommentieren

Patrick [redacted] Ich dachte Du wurdest vorletzte Woche in Deinem Job als "Gebäudereiniger" rausgeschmissen.
vor 13 Minuten · Gefällt mir

Carolin [redacted]
in Madrid, wunderschön hier. gruß an alle daheim :*
vor 30 Minuten via Handy · Gefällt mir · Kommentieren

[redacted] **Jasmin** [redacted] och schön, viel spaß und unbedingt spaghetti essen! in italien schmecken sie einfach am besten. :-)
vor 23 Minuten · Gefällt mir

[redacted] **Benni** [redacted] Madrid ist die Hauptstadt von Spanien...
vor 12 Minuten · Gefällt mir

Lea [redacted]
Vorgestern hatte ich noch etwa 230 Freunde. Gestern hab ich meinen Beziehungsstatus auf "in einer Beziehung" geändert. Jetzt sind es nur noch unter 200. Was sagt uns das?
vor etwa einer Stunde · Gefällt mir · Kommentieren

4 Personen gefällt das.

[redacted] **Nicolai** [redacted] Dass alle, mich eingeschlossen, nur aus einem Grund mit Dir befreundet sind, bzw. waren.
vor 37 Minuten · Gefällt mir · 11 Personen

Angelika [redacted]
Lecker Pizza mit Antischocken! MHMMM...
vor 34 Minuten · Gefällt mir · Kommentieren

[redacted] **Cindy** [redacted] Du solltest dann vielleicht noch Artipasti dazu essen.
vor 32 Minuten · Gefällt mir

[redacted] **Lorand** [redacted] Gibts die Pizza auch mit Antidummheit?
vor 31 Minuten · Gefällt mir

[redacted] **Angelika** [redacted] Was wohlt ihr eigentlich??
vor 28 Minuten · Gefällt mir

Simon [redacted]
Wurde gerade auf dem Fahrrad gerade von so einem scheiß Benz von der Straße gedrängt! Schürfwunde am Knie. :(
vor etwa einer Stunde via Handy · Gefällt mir · Kommentieren

Martin [redacted] ist das fahrrad noch ganz?
vor etwa einer Stunde · Gefällt mir

Björn [redacted] Viel wichtiger: hat der Benz einen Kratzer abbekommen?
vor 51 Minuten · Gefällt mir

Matze [redacted] ist das Fahrrad ok?
vor 48 Minuten · Gefällt mir

Steffen [redacted] Armes Fahrrad :(
vor 43 Minuten · Gefällt mir

Uygar [redacted]
oh gott, 2 stockwerke unter uns brennt es!! zum glück haben wir eine feuertreppe.
vor 27 Minuten via Handy · Gefällt mir · Kommentieren

3 Personen gefällt das.

Tamara [redacted] Feuerwehr schon unterwegs?
vor 26 Minuten · Gefällt mir

Uygar [redacted] ja sind schon da. geh jetzt über die treppe raus auf den parkplatz.
vor 25 Minuten · Gefällt mir

Pawel [redacted] Verhalten im Notfall: Zuerst bei Facebook posten, dann in Sicherheit bringen!
vor 23 Minuten · Gefällt mir · 2 Personen

Angelo [redacted]
Jesus konnte über Wasser laufen. Menschen bestehen etwa zu 65% aus Wasser. Ich kann über Menschen laufen. Daraus schließe ich, dass ich zu 65% Jesus bin.
vor 5 Stunden · Gefällt mir · Kommentieren

12 Personen gefällt das.

[redacted] **Bennett** [redacted] Eis besteht zu 100% aus Wasser. Ich kann über Eis laufen. Daraus schließe ich, dass ich zu 100% Jesus bin!
vor 5 Stunden · Gefällt mir

[redacted] **Angelo** [redacted] Das Eis müsste bei dir dann aber einige Meter dick sein...
vor 4 Stunden · Gefällt mir · 4 Personen

Christian [redacted]
Wahrheit: Du musst die erste Frage unter diesem Status wahrheitsgemäß beantworten. Kopiere das auch in Deinen Status, wenn Du Dich traust.
vor 3 Stunden · Gefällt mir · Kommentieren

3 Personen gefällt das.

[redacted] **Julia** [redacted] Hast dich schon mal ne Frau geküsst?
vor 3 Stunden · Gefällt mir

[redacted] **Christian** [redacted] Ja, natürlich.
vor 3 Stunden · Gefällt mir

[redacted] **Michael** [redacted] Deine Mutter zählt aber nicht...
vor 3 Stunden · Gefällt mir

[redacted] **Christian** [redacted] Aber deine Mutter zählt... die geile MILF ^^
vor 3 Stunden · Gefällt mir

Jonathan [redacted]
Mein kleine Schwester zieht zu mir nach München. Fängt jetzt an zu studieren.
vor 2 Stunden · Gefällt mir · Kommentieren

> **Falco** [redacted] sieht sie gut aus?
> vor 2 Stunden · Gefällt mir

> **Jonathan** [redacted] Naja, sie tanzt Ballett schon seit sie 5 ist. Aber ihr Freund zieht im Oktober nach. ;)
> vor 2 Stunden · Gefällt mir

> **Falco** [redacted] Ok, dann hab ich 4 Monate Zeit. Challenge accepted.
> vor 2 Stunden · Gefällt mir · 2 Personen

Sergio [redacted]
Vieles davon, was Leute in Facebook über andere von sich geben, würden sie ihnen im realen Leben nie in ihr Gesicht sagen!
Montag um 13:22 · Gefällt mir · Kommentieren

> **Raphael** [redacted] Solltest du das den Leuten dann nicht selbst ins Gesicht sagen?
> Montag um 13:26 · Gefällt mir · 4 Personen

Phil [redacted]
Ich brauch was...
vor 9 Stunden · Gefällt mir · Kommentieren

> **Phil** [redacted] Was könnte das wohl sein?
> vor etwa einer Stunde · Gefällt mir

> **Lucas** [redacted] Definitiv Freunde, wenn du nach 8 Stunden als erster deinen eigenen Status kommentierst!
> vor 47 Minuten · Gefällt mir

Olga [redacted]
Ich fühl mich so einsam, seitdem ich single bin. So allein... :(
Gestern um 20:08 · Gefällt mir · Kommentieren

Simon [redacted] Das tut mir leid. Zeit heilt alle Wunden. Wenn du jemanden zum reden brauchst, findest du schon jemanden. Wenn du jemanden für körperliche Nähe brauchst, bin ich für dich da.
Gestern um 20:14 · Gefällt mir

Maja [redacted]
Patrick, ich hasse dich! Bitte stirb einfach!
vor 31 Minuten · Gefällt mir · Kommentieren

4 Personen gefällt das.

Patrick [redacted] Das ist aber nicht nett von dir.
vor 27 Minuten · Gefällt mir

Maja [redacted] Ich hab bitte gesagt, das ist nett genug!
vor 25 Minuten · Gefällt mir · 4 Personen

Jan [redacted]
Meine Mutter fragt mich gerade, warum sich die Teller in meinem Zimmer stapeln, die gehören in die Küche. Darauf ich: Genauso wie Frauen.
Gestern um 17:35 · Gefällt mir · Kommentieren

2 Personen gefällt das.

Martha [redacted] Lieber Sohn, deine Einstellung ist auch der Grund, worum man eher eine Frau in der Küche als in deinem Bett findet.
Gestern um 17:56 · Gefällt mir · 15 Personen

Elisa [redacted]
Jesus ist für unsere Sünden am Kreuz gestorben. Wer also nicht sündigt, hat Jesus umsonst sterben lassen. ;)
vor 2 Stunden · Gefällt mir · Kommentieren

8 Personen gefällt das.

Niko [redacted]
Ich werde ab jetzt nichts mehr im Internet posten und alle Inhalte entfernen. Facebook muss nicht wissen, wo ich bin und was ich denke!
Donnerstag um 21:37 · Gefällt mir · Kommentieren

Valentin [redacted] Um uns das mitzuteilen, postest du erst mal im Internet auf Facebook?
Donnerstag um 21:44 · Gefällt mir · 5 Personen

Alex [redacted]
welcherarschhatgesternmeineleertastemitgehenlassen?
vor etwa einer Stunde · Gefällt mir · Kommentieren

Karim [redacted] haha, das warst du selber! du warst so betrunken, das war so geil!
vor 52 Minuten · Gefällt mir

Alex [redacted] wiewashabichgemacht?
vor 49 Minuten · Gefällt mir

Karim [redacted] du dachtest wir wären noch beim Martin und wolltest ihm einen streich spielen und hast sie deswegen aus dem fenster geschmissen! wie wir dich ausgelacht haben! *g*
vor 47 Minuten · Gefällt mir

Toby [redacted]
Schon mal aufgefallen: Wenn du das Wort "pups" sagst, machst du mit dem Mund dieselbe Bewegung wie dein Anus beim pupsen. ^^
vor 3 Stunden · Gefällt mir · Kommentieren

[redacted] **Tiziana** [redacted] Schon mal aufgefallen: Immer wenn du den Mund aufmachst, kommt bei dir dasselbe raus wie aus deinem Anus!
vor 3 Stunden · Gefällt mir · 6 Personen

Sophie [redacted]
Warum wiegen 1 Tonne Steine und 1 Tonne Federn gleich viel? Federn sind doch viel leichter?
vor 4 Stunden · Gefällt mir · Kommentieren

[redacted] **Corinna** [redacted] Warum hat eine Feder mehr Gehirnzellen als du? Dein Gehirn ist doch viel schwerer.
vor 4 Stunden · Gefällt mir · 7 Personen

Benjamin [redacted]
Gestern habe ich folgende SMS an ein paar Freunde geschickt: "Hey, finde meine Handy gerade nicht, lass mal bitte bei mir klingeln. Danke!" Fast alle haben angerufen. Daraus schließe ich, dass meine Freunde nicht die intelligentesten sind.
vor 45 Minuten · Gefällt mir · Kommentieren

4 Personen gefällt das.

[redacted] **Jürgen** [redacted] Hast du es gefunden?
vor 41 Minuten · Gefällt mir

[redacted] **Benjamin** [redacted] Das bestätigt meine Theorie.
vor 40 Minuten · Gefällt mir · 2 Personen

Mladen [redacted]
Manche Leute sollten sich einfach genauer ausdrücken...
vor 3 Stunden · Gefällt mir · Kommentieren

Anita [redacted] wie meinst du das?
vor 3 Stunden · Gefällt mir

Timo [redacted]
Der Typ neben mir auf der Toilette macht gerade mit seiner Alten Schluss. Wie niveauvoll!
vor 17 Stunden via Handy · Gefällt mir · Kommentieren

Melle [redacted] Du hast mit mir über Facebook Schluss gemacht, war das niveauvoller?
vor 17 Stunden · Gefällt mir

Fabi [redacted]
Ich hasse Leute, die während einem Film reden...
vor 11 Minuten via Handy · Gefällt mir · Kommentieren

Yannick [redacted] Ich hasse Leute, die während einem Film auf Facebook posten...
vor 7 Minuten · Gefällt mir

Amelie [redacted]
Auf der Packung der Haartönung steht: "Bitte nicht einatmen!" Soll ich jetzt die nächste halbe Stunde die Luft anhalten oder was??!?!??
vor 23 Minuten · Gefällt mir · Kommentieren

2 Personen gefällt das.

Lorenz [redacted]
Hab mir gestern Chilischoten reingedrückt, mein Arsch brennt wie Feuer!
vor 5 Stunden · Gefällt mir · Kommentieren

[redacted] **Andreas** [redacted] Kollege, die kommen in den Mund...
vor 5 Stunden · Gefällt mir · 4 Personen

Agnes [redacted]
Was nervt euch am meisten?
vor 47 Minuten · Gefällt mir · Kommentieren

[redacted] **Christian** [redacted] Mittlerweile deine dummen Frageposts und dein nachbohren
vor 44 Minuten · Gefällt mir · 2 Personen

[redacted] **Agnes** [redacted] welches nachbohren?
vor 38 Minuten · Gefällt mir

Fabian [redacted]
Langsam glaube ich, dass ich ein pornografisches Gedächtnis habe. Ich kann mir jedes Detail merken.
Gestern um 14:46 · Gefällt mir · Kommentieren

4 Personen gefällt das.

[redacted] **Lars** [redacted] lies nochmal was du geschrieben hast, ich glaube du meinst fotografisch?
Gestern um 14:49 · Gefällt mir

[redacted] **Fabian** [redacted] Nein
Gestern um 14:53 · Gefällt mir · 3 Personen

Bene [redacted]
Wie ich das hasse!
Mittwoch um 19:23 · Gefällt mir · Kommentieren

Leon [redacted] Was?
Mittwoch um 19:27 · Gefällt mir

Bene [redacted] Dauernd diese nichtsaussagenden Statusmeldungen.
Mittwoch um 19:29 · Gefällt mir · 4 Personen

Chiara [redacted]
Jedes mal wenn ich in deiner Nähe bin werden meine Knie weich. Ich kann weder richtig atmen noch auf irgendetwas konzentrieren. Mein Herz pumpt wie verrückt und mein Magen dreht sich. Das ist ein seltsames Gefühl, ist das Liebe?
vor 26 Minuten · Gefällt mir · Kommentieren

Tom [redacted] Wenn das nochmal vorkommt, ruf 110. Hört sich eher nach einem Vorboten eines Herzinfarkts an.
vor 22 Minuten · Gefällt mir · 3 Personen

Felix [redacted]
Hab gelesen Facebook klaut uns alle Daten! Gibts irgendeine Alternative zu Facebook um sich mit seinen Freunden zu unterhalten?
vor 6 Stunden · Gefällt mir · Kommentieren

Eugen [redacted] Versuch mal in echt mit ihnen zu kommunizieren.
vor 5 Stunden · Gefällt mir · 3 Personen

Felix [redacted] Hab nach "echt" gegoogelt, aber nichts gefunden. Kannst mir ne Adresse sagen?
vor 5 Stunden · Gefällt mir

Jule [redacted]
Na toll, früher Schule aus und meine Eltern haben gerade Sex, ich hör sie aus dem Schlafzimmer, wie peinlich!!
vor 35 Minuten · Gefällt mir · Kommentieren

> **Uwe** [redacted] Ich glaube ich sollte mir mal den Rest des Tages frei nehmen und nach Hause kommen. Ich bin noch bei der Arbeit.
> vor 29 Minuten · Gefällt mir
> VATER

Florian [redacted]
Wenn die wahre Schönheit von innen kommt, bin ich deswegen so hässlich?
vor 57 Minuten · Gefällt mir · Kommentieren

> **Astrid** [redacted] Ja, mein Sohn, wahre Schönheit kommt von innen.
> vor 51 Minuten · Gefällt mir · 2 Personen

> **Florian** [redacted] Danke Mama :(
> vor 50 Minuten · Gefällt mir

Jacob [redacted]
Wisst ihr was mich amüsiert? Versager, die denken sie sind sooooo cool. Die denken, sie wären die beliebtesten. IN WIRKLICHKEIT HABEN SIE EINEN KLEINEN PENIS! Nicht jedes Problem kann ihr coolgetue lösen!
vor 44 Minuten · Gefällt mir · Kommentieren

> **Daniel** [redacted] Wisst ihr was mich amüsiert? Versager, die denken sie sind sooooo cool. Die denken, sie müssten sich durch großspurige Aussagen bei Facebook profilieren. IN WIRKLICHKEIT HABEN SIE EINEN KLEINEN PENIS! Nicht jedes Problem kann Facebook lösen!
> vor 37 Minuten · Gefällt mir · 4 Personen

> **Jacob** [redacted] Und jetzt bist du cool?
> vor 33 Minuten · Gefällt mir

Marie [redacted]
bin total verliebt! ♥ das wird mein mann fürs leben. ♥
vor 24 Minuten · Gefällt mir · Kommentieren

3 Personen gefällt das.

[redacted] **Malte** [redacted] in wen?
vor 22 Minuten · Gefällt mir

[redacted] **Marie** [redacted] mario :)
vor 21 Minuten · Gefällt mir

[redacted] **Malte** [redacted] mario? welcher mario? nachnam?
vor 19 Minuten · Gefällt mir

[redacted] **Marie** [redacted] weis ich nicht wie er mit nachnamen heisst. ist aber der mann fürs leben!
vor 17 Minuten · Gefällt mir

Lisi [redacted]
Mein letztes Wort zu Erik: Ich hasse dich!!!
vor 42 Minuten · Gefällt mir · Kommentieren

[redacted] **Erik** [redacted] Das waren 3 Worte.
vor 38 Minuten · Gefällt mir · 2 Personen

Isabelle [redacted]
Es braucht keinen besonderen Anlass, um einer Frau Blumen zu schenken. Allein die Tatsache eine Frau zu sein genügt!
vor 8 Stunden · Gefällt mir · Kommentieren

[redacted] **Constantin** [redacted] Es braucht keinen besonderen Anlass, um mit einem Mann Sex zu haben. Allein die Tatsache einen Penis zu haben genügt!
vor 8 Stunden · Gefällt mir · 8 Personen

Ingo [redacted]
Meine Ex schickt mir Bilder von ihr und ihrem neuen Freund in eindeutigen Posen, nur um mich zu ärgern. Kann damit nichts anfangen, wer sie haben will, einfach liken.
Montag um 21:16 · Gefällt mir · Kommentieren

54 Personen gefällt das.

Sabrina [redacted]
OMG!!! Ich war heute auf einer öffentlichen Toilette. Ich hab mich gerade hingesetzt als eine Stimme von einer anderen Toilette sagte: "Hi wie geht es dir?" Verwundert sagte ich: "Mir geht es gut" Die andere Person: "Und was machst du so?" Ich: "Das gleiche wie du, ich sitze hier" Die andere Person: "Kann ich zu dir rüber kommen?" Ich: "Öhm, ich bin gerade beschäftigt". Und dann, aufpassen jetzt kommts, Person sagt: "Kann ich dich vielleicht später anrufen, da sitzt irgend so eine dumme Kuh die die ganze Zeit auf meine Fragen antwortet.
vor 20 Stunden · Gefällt mir · Kommentieren

10 Personen gefällt das.

Jason [redacted]
meiner freundin is im bad gerade voll schwindelig geworden, sitz an der badewanne, kann nicht aufstehen und weigert sich zum arzt zu gehen. was soll ich jetzt machen?
vor 29 Minuten · Gefällt mir · Kommentieren

[redacted] **Tim** [redacted] Wie wärs, wenn du den PC ausmachst, den Arzt rufst und dich um sie kümmerst???
vor 25 Minuten · Gefällt mir · 2 Personen

Malle [redacted]
So, endlich wieder bischen Geld, gerade mein Auto verkauft. :)
Dienstag um 18:43 · Gefällt mir · Kommentieren

[redacted] **Sam** [redacted] sauber, wundert mich dass überhaupt jemand noch den hobel wollte ^^
Dienstag um 18:47 · Gefällt mir · 2 Personen

[redacted] **Malle** [redacted] Klappe ^^
Dienstag um 18:56 · Gefällt mir

[redacted] **Malle** [redacted] Kann mich morgen einer zur Arbeit fahren? Hab kein Auto mehr.
Dienstag um 19:22 · Gefällt mir · 3 Personen

Dimi [redacted]
nur zu info: ich bin endgültig fertig mit realschule
vor 19 Minuten · Gefällt mir · Kommentieren

3 Personen gefällt das.

[redacted] **Andre** [redacted] glückwunsch! killer :)
vor 17 Minuten · Gefällt mir

[redacted] **Kilian** [redacted] Hast es ja doch noch geschafft, bravo!
vor 14 Minuten · Gefällt mir

[redacted] **Marcel** [redacted] party heut abend alta!! geh mo ein saufen!
vor 13 Minuten · Gefällt mir

[redacted] **Dimi** [redacted] was geht bei euch? ich hab schule abgebrochen
vor 8 Minuten · Gefällt mir

[redacted] **Kilian** [redacted] Achso, ok.
vor 6 Minuten · Gefällt mir

Niklas [redacted]
wegen 10 cm zentimert den schulrekord im kugelstoßen verpasst.
Gestern um 16:30 · Gefällt mir · Kommentieren

4 Personen gefällt das.

[redacted] **Christian** [redacted] naja... 10 cm sind schon viel
Gestern um 16:39 · Gefällt mir

[redacted] **Selina** [redacted] Das denkst du zu Hause im Bett auch immer mein Schatz ;)
Gestern um 16:44 · Gefällt mir · 4 Personen

[redacted] **Andi** [redacted] HAHAHAHAH, owned by own girlfriend ;)
Gestern um 16:52 · Gefällt mir

Antonia [redacted]
bin gerade duschen und status schreiben von iphone. wenn du kein iphone hast du kein iphone
vor 54 Minuten via Handy · Gefällt mir · Kommentieren

3 Personen gefällt das.

[redacted] **Daniel** [redacted] sicher dass das gut fürs handy ist? soll ich dir den rücken einseifen? :D
vor 50 Minuten · Gefällt mir

[redacted] **Antonia** [redacted] mein homebutton geht nicht mehr was mach ich jetz?
vor 18 Minuten · Gefällt mir

[redacted] **Pierre** [redacted] Tja, wenn du kein iPhone hast, hast du kein iPhone. :P
vor 15 Minuten · Gefällt mir · 5 Personen

Vanessa [redacted]
Ich versteh es einfach nicht und ich werd es nie verstehen!
vor etwa einer Stunde · Gefällt mir · Kommentieren

[redacted] **Michael** [redacted] was denn?
vor etwa einer Stunde · Gefällt mir

[redacted] **Vanessa** [redacted] Wieso manche Leute andere verpfeifen um ihren eigenen Arsch zu retten!
vor 53 Minuten · Gefällt mir

[redacted] **Michael** [redacted] ...um ihren eigenen Arsch zu retten?
vor 51 Minuten · Gefällt mir · 4 Personen

Janine [redacted]
Verdammter Scanner! Ich steh auf Kriegsfuß mit dem Teil! 2 Stunden gescannt und jetzt ist alles verkehrt herum.
Gestern um 16:17 · Gefällt mir · Kommentieren

[redacted] **Chris** [redacted] Du kannst die Bilder ja drehen, das ist kein Problem. Einfach mit dem Standard Windows Bildprogramm öffnen und dann da drehen.
Gestern um 16:23 · Gefällt mir

[redacted] **Janine** [redacted] Nein! Ich hab nur weiße Seiten gescannt!
Gestern um 16:26 · Gefällt mir

[redacted] **Chris** [redacted] Ach so verkehrt herum, verstehe. Blö(n)d. :D
Gestern um 16:28 · Gefällt mir · 3 Personen

Webfail-Kommentar dazu:

Sebastian [redacted]
Ach, nicht schlimm. Einfach den Monitor um 180° drehen und von hinten betrachten.
Antwort · 601 · Gefällt mir · 10. September um 11:07

Maurice [redacted]
Kennt sich jemand mit Aktien aus, will bischen was traden und so
vor 3 Stunden · Gefällt mir · Kommentieren

[redacted] **Jan** [redacted] Junge, du arbeitest in nem Schnellrestaurant, was willst du mit Aktien?
vor 3 Stunden · Gefällt mir · 2 Personen

Sven [redacted]
meine mom hat mich gerade beim masturbieren erwischt...
vor 2 Stunden · Gefällt mir · Kommentieren

[redacted] **Niklas** [redacted] hat sie was gesagt? wieso postest du das auf facebook?
vor 2 Stunden · Gefällt mir

[redacted] **Sven** [redacted] rein ins zimmer, geschaut und tür zugeknallt. weiss nicht was ich machen soll. hat jemand ein rat?
vor 2 Stunden · Gefällt mir

[redacted] **Niklas** [redacted] nicht so schlimm, geht vorbei. aber was meinst was morgen in der schule abgeht? hat ja jetzt jeder gelesen :D
vor 2 Stunden · Gefällt mir · 7 Personen

Victor [redacted]
Prinz William heiratet ja nächste Woche. Ich frage mich gerade wie sein Junggesellenabschied wird. Stellt euch mal vor, wie er einer Stripperin nen Geldschein in den Schlüpfer steckt, auf welchem das Gesicht seiner Großmutter drauf ist. Episch! XD
vor 6 Stunden · Gefällt mir · Kommentieren

15 Personen gefällt das.

Sebastian [redacted]
Ich hasse das Wetter, ich hasse die Situation, ich hasse einfach alles!
Mittwoch um 20:34 · Gefällt mir · Kommentieren

2 Personen gefällt das.

[redacted] **Henning** [redacted] warum likest du dann diesen status?
Mittwoch um 20:39 · Gefällt mir

[redacted] **Christian** [redacted] Seinen eigenen Status bei Facebook zu liken, ist wie: sich nach der Masturbation auf die Schulter zu klopfen und "Du Tier!" zu sagen
Mittwoch um 20:48 · Gefällt mir · 4 Personen

Florian [redacted]
Endlich hab ich Microsoft Word. Schreibt sich einfach besser und schneller. Ohne die Löschfunktion wäre ich total aufgeschmissen. Ich frage mich, wie die Leute das früher gemacht haben.
vor 13 Minuten · Gefällt mir · Kommentieren

[redacted] **Marc** [redacted] Das nennt man Radiergummi oder Tintenkiller.
vor 9 Minuten · Gefällt mir

Alena [redacted]
wird gleich von ihrem schatzi zum essen in die stadt abgeholt! hdgdl :*
vor 4 Stunden · Gefällt mir · Kommentieren

[redacted] **Annika** [redacted] wo gehts hin ihr süßen?
vor 4 Stunden · Gefällt mir

[redacted] **Alena** [redacted] er hat mich zum burger king eingeladen ♥
vor etwa einer Stunde · Gefällt mir

Hanno [redacted]
Wieviele Feministinnen braucht man um eine Glühbirne zu wechseln? Fangfrage: Keine, sie können sowieso nichts ändern.
vor 2 Stunden · Gefällt mir · Kommentieren

2 Personen gefällt das.

Mina [redacted] Hast du nen Clown gefrühstückt? Immer diese blöden, frauenfeindliche Witze! Macho!!
vor 2 Stunden · Gefällt mir

Marco [redacted] Ok, dann eben andersrum. Wieviele Machos braucht man um eine Glühbirne zu wechseln? Keine, die Frau soll gefälligst im dunkeln kochen.
vor 2 Stunden · Gefällt mir · 2 Personen

Dennis [redacted]
Der beste Teil am Streiten ist der Versöhnungssex! :>
vor 14 Minuten · Gefällt mir · Kommentieren

Manuela [redacted] Deshalb streite ich nicht gern mit Deinem Vater.
vor 5 Minuten · Gefällt mir

MUTTER

Jasmin [redacted]
Seid ihr nicht ein bischen zu alt für Yu-Gi-Oh? Tststs...
vor 8 Stunden · Gefällt mir · Kommentieren

Sören [redacted] Bist du nicht ein bischen zu jung für eine Mutter?
vor 8 Stunden · Gefällt mir · 4 Personen

Thomas [redacted] Dreckig! :D
vor 8 Stunden · Gefällt mir

Mats [redacted] ins gesicht, owned!
vor 7 Stunden · Gefällt mir

Johannes [redacted]
Diese verdammten depressiven Emus sollen bleiben wo der Pfeffer wächst! Ständig irgendwelche Depri-Bilder und so kram.
vor 43 Minuten · Gefällt mir · Kommentieren

Daniel [redacted] Hast recht, diese Emus gehören in den Zoo eingesperrt. Dort können sie niemanden schaden und wann sieht man schon mal einen Emu in freier Wildbahn? Die kommen ja eigentlich aus Australien, diese Vögel.
vor 37 Minuten · Gefällt mir · 2 Personen

Johannes [redacted] Hä?
vor 34 Minuten · Gefällt mir

Loris [redacted]
Manchmal zweifel ich an der Intelligenz mancher Leute. Was bringt es, sich darüber aufzuregen, dass sich andere Leute aufregen?
vor 31 Minuten · Gefällt mir · Kommentieren

Marco [redacted] Ich nehme mal stark an, dass du dich gerade darüber aufregst, oder?
vor 28 Minuten · Gefällt mir

Tom [redacted]
bin mächtig stolz auf meine freundin. :)
Gestern um 14:28 · Gefällt mir · Kommentieren

2 Personen gefällt das.

Stefan [redacted] Ex-Freundin.
Gestern um 14:52 · Gefällt mir · 3 Personen

Tom [redacted] lass mich in ruhe, papa!!
Gestern um 14:59 · Gefällt mir

Lisa [redacted]
wann kommt endlich der dislike button? bei den dummen posts mancher leute könnte ich den echt mal gebrauchen!
vor 40 Minuten · Gefällt mir · Kommentieren

[redacted] **Jacky** [redacted] oh ja, geb ich dir recht :)
vor 37 Minuten · Gefällt mir

[redacted] **Chiara** [redacted] Den würde ich jetzt hier drücken.
vor 32 Minuten · Gefällt mir · 2 Personen

[redacted] **Lisa** [redacted] wieso?
vor 30 Minuten · Gefällt mir

Stefanie [redacted]
den ganzen tag tennis spielen gewesen. bin besser als ben becker!
vor 14 Minuten · Gefällt mir · Kommentieren

[redacted] **Florian** [redacted] Du meinst wohl "Boris", oder hast du nur geschauspielert? Ich lach mich weg!! XD
vor 8 Minuten · Gefällt mir

Rebecca [redacted]
alina, wen du noch einmal in mein facebook reingehst, dann töhte ich dich!
Gestern um 14:51 · Gefällt mir · Kommentieren

[redacted] **Melanie** [redacted] warst du das alina?
Gestern um 14:57 · Gefällt mir

[redacted] **Alina** [redacted] Nein, ich hätte "wen" und "töhte" richtig geschrieben.
Gestern um 15:23 · Gefällt mir · 4 Personen

Luca [redacted]
Wer zuletzt lacht, lacht am besten! Haha!
Samstag um 21:28 · Gefällt mir · Kommentieren

[redacted] **Steven** [redacted] Weil Du den Witz immer als letzter kapierst?
Samstag um 21:32 · Gefällt mir · 2 Personen

[redacted] **Luca** [redacted] NICHT witzig!
Samstag um 21:35 · Gefällt mir

[redacted] **Steven** [redacted] Ich seh schon, du hast ihn immer noch nicht kapiert. :)
Samstag um 21:39 · Gefällt mir · 5 Personen

Nicole [redacted]
Mein Gott wie peinlich meine Eltern! Könnt ihr nicht mal leise sein?? Gestern Nacht hab ich Euch schon wieder nebenan gehört beim rummachen!
vor 33 Minuten · Gefällt mir · Kommentieren

[redacted] **Maria** [redacted] Liebes, wir reden, wenn ich von der Arbeit zurück bin. Lösch das hier bitte!
vor 4 Minuten · Gefällt mir

Janis [redacted]
Morgen erster Arbeitstag bei Burger King! Gratis Burger, oh yeah!
Gestern um 20:03 · Gefällt mir · Kommentieren

3 Personen gefällt das.

[redacted] **Michael** [redacted] und wie liefs?
vor 2 Stunden · Gefällt mir

[redacted] **Janis** [redacted] Wurde gefeuert. :(
vor 11 Minuten · Gefällt mir

Selina [redacted]
es war ein langer kampf... aber jetzt bin ich endlich glücklich!
vor 37 Minuten · Gefällt mir · Kommentieren

[redacted] **Markus** [redacted] weißt du wie du mich glücklich machen kannst?
vor 28 Minuten · Gefällt mir

[redacted] **Selina** [redacted] nein, wie denn? :)
vor 25 Minuten · Gefällt mir

[redacted] **Markus** [redacted] indem du diese beschissenen nichtsaussagenden posts lässt, die keine sau versteht!
vor 22 Minuten · Gefällt mir · 👍 2 Personen

Linda [redacted]
Gott wird mir den Weg zur Erleuchtung zeigen!
vor 47 Minuten · Gefällt mir · Kommentieren

[redacted] **Marcel** [redacted] Moment, ich schalt das Licht in der Küche an.
vor 24 Minuten · Gefällt mir · 👍 2 Personen

Nadine [redacted]
Ich hasse es, wenn Eltern die Hobbies ihren Kindern vorziehen! Lieber saufen, statt Kinder großziehen! Ganz großes Tennis, schämt euch!
vor 2 Stunden · Gefällt mir · Kommentieren

[redacted] **Irina** [redacted] Hm, ich dachte ich hätte dich letztens nachts in der Tortuga Bar gesehen.
vor 43 Minuten · Gefällt mir

[redacted] **Nadine** [redacted] Ja gut, aber ich hatte meinen Kleinen dabei.
vor 36 Minuten · Gefällt mir

Daniel [redacted]
Gerade im Internet gefunden: Eurotophobie - Die Angst vor weiblichen Genitalien!
vor etwa einer Stunde · Gefällt mir · Kommentieren

2 Personen gefällt das.

Tarik [redacted] :D
vor etwa einer Stunde · Gefällt mir

Finn [redacted] Genau das hab ich auch. ^^
vor 48 Minuten · Gefällt mir

Daniel [redacted] weibliche Genitalien?
vor 44 Minuten · Gefällt mir · 3 Personen

Christian [redacted] Du hast keine Angst, sondern du kriegst nur keine ab.
vor 39 Minuten · Gefällt mir

Melanie [redacted]
Ich will nicht mehr. Warum gibts mich überhaupt, wenn ich nur Sorgen habe? Danke dafür du besch*** Welt!
Montag um 17:22 · Gefällt mir · Kommentieren

Jasmin [redacted] willst du darüber reden?
Montag um 17:42 · Gefällt mir

Melanie [redacted] Hey, das ist lieb von dir, aber das ist eher was persönliches. Aber danke! ♥
Montag um 17:44 · Gefällt mir

Juri [redacted] Mir reichts jetzt auch. Was schreibst du überhaupt bei Facebook, wenn du dir sowieso nicht helfen lassen willst? Hab diese Depri-Meldungen von dir satt. Ich muss mal meine Freundesliste aufräumen... und tschüss!
Montag um 17:52 · Gefällt mir · 2 Personen

Katja [redacted]
Mein Sohn hat gerade Theateraufführung. Ist stinklangweilig. Bin jetzt mal rausgegangen um nach Facebook zu schauen. :)
vor 6 Stunden · Gefällt mir · Kommentieren

[redacted] **Mark** [redacted] Danke für deine Unterstützung.
vor 34 Minuten · Gefällt mir

Marius [redacted]
Ich brauch dringend Geld, ich werde Pornostar! Fürs Sex haben noch bezahlt werden. XD
vor 52 Minuten · Gefällt mir · Kommentieren

2 Personen gefällt das.

[redacted] **Lukas** [redacted] naja ob die dich nehmen? ;)
vor 49 Minuten · Gefällt mir

[redacted] **Franziska** [redacted] Bräuchtest du dafür nicht auch einen Penis?
vor 37 Minuten · Gefällt mir · 5 Personen

Melly [redacted]
So, das muss jetzt mal raus!! Es interessiert mich ein Scheiß was Du machst! Du kannst mir gestohlen bleiben, ich werde keine Sekunde mit einem Gedanken an dich verschwenden! Du interessierst mich nicht
vor 38 Minuten · Gefällt mir · Kommentieren

[redacted] **Julia** [redacted] Irgendwie scheint er dich ja doch zu beschäftigen, oder warum richtest du deinen Status an ihn?
vor 31 Minuten · Gefällt mir

Nicole [redacted]
Männer können Frauen sagen was sie wollen, wir werden nie das machen, was ihr wollt! Ha!
vor 3 Stunden · Gefällt mir · Kommentieren

> **Andreas** [redacted] Hol mir kein Bier.
> vor 3 Stunden · Gefällt mir · 7 Personen

Kai [redacted]
Warum sehen die Leute vor mir nie wann die Ampel grün wird? Neeerv
vor 50 Minuten via Handy · Gefällt mir · Kommentieren

> **Anne** [redacted] Vielleicht, weil sie denken, du wirst schon hupen, wenns grün ist. ;)
> vor 46 Minuten · Gefällt mir

> **Maik** [redacted] Oder weil sie Facebook Nachrichten während dem Autofahren schreiben?
> vor 38 Minuten · Gefällt mir · 3 Personen

Minni [redacted]
Ich will nicht darüber reden!
Dienstag um 15:41 · Gefällt mir · Kommentieren

> **Denis** [redacted] warum postest du dann überhaupt?
> Dienstag um 15:53 · Gefällt mir

> **Christine** [redacted] über was?
> Dienstag um 16:10 · Gefällt mir

> **Minni** [redacted] das hat keinen was anzugehen!
> Dienstag um 16:19 · Gefällt mir

Lukas [redacted]
Ich sollte Samen spenden gehen, dafür kriegt man sogar noch Geld. Kaum zu glauben wieviel Kohle einem da durch die Finger geht. :-D
vor 3 Stunden · Gefällt mir · Kommentieren

2 Personen gefällt das.

[redacted] **Sebastian** [redacted] wieviel meine wohl wert wären, ich werd millionär ^^
vor 3 Stunden · Gefällt mir

[redacted] **Dominik** [redacted] Jule sagt gerade, dass ihr Hals dann eine wahre Goldgrube wäre. Ich hau mich weg!! X-D
vor 3 Stunden · Gefällt mir · 6 Personen

[redacted] **Simon** [redacted] diese Bilder...gehen...nicht mehr aus meinem Kopf! ^^
vor 3 Stunden · Gefällt mir

[redacted] **Julia** [redacted] Dominik, spinnst du das hier zu veröffentlichen?
vor 32 Minuten · Gefällt mir

Alex [redacted]
Schrecklich, dass Japan nochmal von einem Erdbeben erschüttert wird. Die mussten doch schon so viel ertragen.
vor 8 Stunden · Gefällt mir · Kommentieren

[redacted] **Fabian** [redacted] Die Länder der 3. Welt haben es eh schon nicht einfach und dann noch sowas
vor 8 Stunden · Gefällt mir

[redacted] **Alex** [redacted] Japan gehört zu den Industriestaaten und nicht zu den 3. Welt-Ländern.
vor 8 Stunden · Gefällt mir

[redacted] **Fabian** [redacted] Hä, dachte nur Länder aus Europa sind 1. Welt Länder?
vor 8 Stunden · Gefällt mir · 2 Personen

Sophie [redacted]
Nicht jedes Problem kann übers Internet gelöst werden. Schon gar nicht Beziehungsprobleme!
vor 23 Minuten · Gefällt mir · Kommentieren

Roman [redacted] Ne, aber man kann nach Titten suchen.
vor 17 Minuten · Gefällt mir · 2 Personen

Simon [redacted]
Erster Tag wieder im Betrieb. Der Laser unter der Maus ist zugeklebt und aus der Tastatur sprießen Kressesprossen. :(
vor 39 Minuten · Gefällt mir · Kommentieren

Patrick [redacted] Das wird Dir eine Lehre sein. Von wegen private Probleme, laut deiner Pinnwand hast letzte Woche ziemlich viele Farmville-Achievements gesammelt.
vor 10 Minuten · Gefällt mir

Alexa [redacted]
Ich vermisse dich so unendlich. Ich will, dass du jetzt bei mir bist. Ohne dich ist alles scheiße. Ich fühl mich so lustlos auf alles. Ich hoffe dir geht es gut, wo du jetzt auch bist. Ich vermisse dich!
vor 44 Minuten · Gefällt mir · Kommentieren

Nico [redacted] Ich vermisse dich auch.
vor 32 Minuten · Gefällt mir

Alexa [redacted] Ich meine nicht dich!
vor 27 Minuten · Gefällt mir

Nico [redacted] Hast du schon einen neuen?
vor 25 Minuten · Gefällt mir

Laura [redacted]
Geld bereitet mir nur Bauchschmerzen!
vor 48 Minuten · Gefällt mir · Kommentieren

Bonnie [redacted] Du sollst es auch nicht essen, du Dummerchen. ;)
vor 36 Minuten · Gefällt mir

Nils [redacted]
Gerade von der Schule heimgekommen, läuft der Rechner und lauter Virenmeldungen sind aufgepoppt. Nichts geht mehr, Maus, Tastatur tot. Hinter mir steht meine Mom und lacht sich einen ab. Maus, Tastatur ausgesteckt und mit Photoshop ein Bild erstellt. 1:0.
Donnerstag um 17:52 · Gefällt mir · Kommentieren

11 Personen gefällt das.

Jason [redacted]
Wenn ihr wüstet, was für irre Gedanken mein Kopf gerade produzierd, müste ich euch auf der Stele töten..
vor 49 Minuten · Gefällt mir · Kommentieren

Ben [redacted] Alles klar, wir kümmern uns derweil um deine Rechtschreibung.
vor 41 Minuten · Gefällt mir · 3 Personen

Doro [redacted]
Wieso sagen einem Freunde dauernd "Ich weiß wie du dich fühlst", wenn sie noch nie in derselben Situation waren???
vor 46 Minuten · Gefällt mir · Kommentieren

Erik [redacted] Hm, ich glaub ich weiß wie du dich fühlst.
vor 41 Minuten · Gefällt mir · 2 Personen

Michelle [redacted]
Wenn du denkst ich bin hässlich - like, wenn du denkst ich bin hübsch - kommentiere. Wenn du dich traust, kopiere das in deinen Status!
Dienstag um 16:37 · Gefällt mir · Kommentieren

17 Personen gefällt das.

Michelle [redacted] Ihr sollt liken, wenn ich hässlich bin, nicht umgekehrt!
Dienstag um 16:54 · Gefällt mir

Jennifer [redacted]
♥~ Ich liebe den Sommer, das ist mein Lieblingsmonat. ~♥
vor 2 Stunden · Gefällt mir · Kommentieren

Kristina [redacted] *zeit?
vor 2 Stunden · Gefällt mir

Jennifer [redacted] Egal welche Uhrzeit, ich meine den ganzen Monat!
vor 2 Stunden · Gefällt mir

Liesa [redacted]
ok leute, tut mir leid. ja ich hab das gerücht verbreitet, dass ich von max herpes bekommen hab. das stimmt nicht und wir sind auch nicht zusammen, nur gute freunde. nur damit dass geklärt wäre. das soll nicht die große runde machen.
vor 16 Minuten · Gefällt mir · Kommentieren

Celine [redacted] Wieso postest du das überhaupt hier??
vor 10 Minuten · Gefällt mir

Stephan [redacted]
Ich hab nen Ausschlag am Arm, der wie ein Penis aussieht. WTF??
vor 9 Stunden · Gefällt mir · Kommentieren

2 Personen gefällt das.

[redacted] **Sandro** [redacted] ja nicht reiben, sonst wird er nur größer XD
vor 8 Stunden · Gefällt mir · 6 Personen

Andi [redacted]
ich betrüge meine freundinnen grundsätzlich nicht!!
vor 13 Minuten · Gefällt mir · Kommentieren

[redacted] **Manuela** [redacted] Bei diesem Satz solltest du besser keinen Plural verwenden.
vor 9 Minuten · Gefällt mir

Gabriela [redacted]
JUHU MEIN PC FUNKTIONIERT WIEDER! DANKE SCHATZI!
vor 3 Stunden · Gefällt mir · Kommentieren

[redacted] **Manuel** [redacted] Was hat er gemacht, den Stecker eingesteckt? :P
vor 2 Stunden · Gefällt mir

[redacted] **Gabriela** [redacted] EINE NEUE FESTPLATTE EINGEBAUT UND DAS STROMDING GEWECHSELT. DER IST WIEDER WIE NEU!!!!
vor 2 Stunden · Gefällt mir

[redacted] **Manuel** [redacted] Er hätte wohl auch die Tastatur ersetzen sollen, bei dir scheint Caps Lock kaputt zu sein.
vor 2 Stunden · Gefällt mir · 3 Personen

Patrick [redacted]
hey leute ich überleg ob ich den lyrikkurs belegen soll macht jemand mit alleine will ich auch net
vor etwa einer Stunde · Gefällt mir · Kommentieren

Sofia [redacted] Du solltest erst mal einen Grammatikkurs besuchen.
vor 37 Minuten · Gefällt mir · 2 Personen

Tim [redacted]
Ich glaub die Medien verarschen uns über die Situation in Japan. Hab sowohl bei Google Maps als auch bei Streetview geschaut, kein Hochwasser zu sehen.
vor 24 Minuten · Gefällt mir · Kommentieren

Reiner [redacted]
wieder mal ein neues handy, diesmal ein android :)
Gestern um 13:52 · Gefällt mir · Kommentieren

5 Personen gefällt das.

Amelie [redacted] schon wieder, du hattest doch erst das neue iphone
Gestern um 13:58 · Gefällt mir

Reiner [redacted] jepp, allerdings war ich letztes wochenende wieder mal einen saufen und hab meinen mai tai verschüttet. handy lag dann genau im saft. wär nicht weiter schlimm gewesen, wenn ich niht im vollsuff auf die idee gekommen wäre, das handy unter fließend wasser zu waschen. :/
Gestern um 14:05 · Gefällt mir

Amelie [redacted] HAHAHA, das wird dir eine lehre sein! :)
Gestern um 14:08 · Gefällt mir

Pascal [redacted] tja, hast du kein iphone, hast du kein iphone XD
Gestern um 14:09 · Gefällt mir

Victor [redacted]
Kacke, schon wieder verpennt! In 5 Minuten fängt schon unterricht an, msus mich beeilen! :)
vor 3 Stunden · Gefällt mir · Kommentieren

[redacted] **Michael** [redacted] Gott sei Dank hast du noch genug Zeit um einen Status zu schreiben.
vor 18 Minuten · Gefällt mir

Katharina [redacted]
Juhuuuu, Lineare Algebra bestanden!!! Sommer, ich komme!
Gestern um 15:02 · Gefällt mir · Kommentieren

7 Personen gefällt das.

[redacted] **Iris** [redacted] Glückwunsch, ich auch. Hast Dir doch zu viel Sorgen gemacht. Wieviel hattest?
Gestern um 15:11 · Gefällt mir

[redacted] **Katharina** [redacted] 27 von 45 Punkten. Wo ich die anderen 17 Punkte verdaddelt hab, seh ich bei der Einsicht. :)
Gestern um 15:13 · Gefällt mir

[redacted] **Iris** [redacted] 27+17=44. Zum Glück hast trotzdem bestanden, Süße. :P
Gestern um 15:16 · Gefällt mir · 3 Personen

Kathi [redacted]
Nur damit ihrs wisst, bin nicht mehr mit Mike zusammen! War sowieso so ein Fehler. Das einzige was er mir heute geschrieben hat: "8===D~~{()} ja/nein?"
vor 21 Minuten · Gefällt mir · Kommentieren

Nina [redacted]
Yipie, gerade nen 5 € Schein gefunden! Das gibt ein Eis bei dem Wetter.
vor etwa einer Stunde · Gefällt mir · Kommentieren

[redacted] **Jonas** [redacted] Ah, hast ihn gefunden. Den hast dir letzte Nacht redlich verdient. ;)
vor 47 Minuten · Gefällt mir · 4 Personen

Ronny [redacted]
Es gibt nichts nervigeres als Fußballkommentatoren! Wenigstens ist das Spiel gut. Schlaaaand!
vor 18 Minuten · Gefällt mir · Kommentieren

[redacted] **Benjamin** [redacted] Doch, gibt es. Popups auf Pornoseiten. ;)
vor 11 Minuten · Gefällt mir

Franzi [redacted]
Männer sollten wie Taschentücher sein. Weich, stark und jederzeit wegwerfbar.
vor 40 Minuten · Gefällt mir · Kommentieren

[redacted] **David** [redacted] Frauen sind wie Faxmaschinen. Sie erfüllen nur einen Zweck und sind den Rest der Zeit unbrauchbar.
vor 32 Minuten · Gefällt mir · 2 Personen

Tonja [redacted]
Warum macht Microsoft nicht einen eigenen Browser, wenn Google Chrom so schlecht ist?
vor 39 Minuten · Gefällt mir · Kommentieren

Mary [redacted]
Du bist glücklicher, wo du jetzt bist. Ruhe in Frieden...
vor 23 Minuten · Gefällt mir · Kommentieren

> **Lucie** [redacted] Ohje, was ist passiert?
> vor 20 Minuten · Gefällt mir

> **Mary** [redacted] Meine Schwiegeroma ist gestorben. Aber das bleibt bitte unter uns, will nicht noch mehr Aufmerksamkeit wecken.
> vor 8 Minuten · Gefällt mir

Eddy [redacted]
Der beste Weg zum Glück: Einfach jede flachlegen! :D
Montag um 18:54 · Gefällt mir · Kommentieren

> **Morïtz** [redacted] Hört sich eher an wie: der beste Weg zur Syphilis.
> Montag um 19:12 · Gefällt mir · 👍 4 Personen

Sarah [redacted]
Mein Freund schnipst neuerdings beim Schlafen, hat das was zu sagen?
Samstag um 13:25 · Gefällt mir · Kommentieren

> **Richard** [redacted] Du sollst ihm wohl ein Bier bringen.
> Samstag um 13:46 · Gefällt mir · 👍 4 Personen

> **Alex** [redacted] Mein Schwiegervater in spe kennt mich besser als du. ;)
> Samstag um 14:02 · Gefällt mir
> FREUND

> **Sarah** [redacted] Ich muss zugeben, das war wirklich witzig. :-)
> Samstag um 14:27 · Gefällt mir

Christiane [redacted]
Hallo Mama, du wolltest es ja nicht glauben, aber ich hab mich in deinen Facebook Account gehackt!
vor 31 Minuten · Gefällt mir · Kommentieren

Christiane [redacted] Wenn du nicht sofort alles zurücksetzst, fang ich an Baby-Bilder von dir einzustellen!
vor 18 Minuten · Gefällt mir

Yannick [redacted]
Blöde Frage, aber wenn es der Wirtschaft so schlecht geht, wieso werden nicht einfach mehr Geldscheine gedruckt? Mehr Geldscheine heißt mehr Geld für alle und so teuer zu drucken sind die auch nicht. Nur so ein Gedanke.
vor 17 Minuten · Gefällt mir · Kommentieren

Marissa [redacted]
scheiß kino.to geht immer noch nicht. wo kann ich sonst filme anschauen`?
vor 8 Minuten · Gefällt mir · Kommentieren

Jochen [redacted] im Kino? *g*
vor 7 Minuten · Gefällt mir

Marissa [redacted] haha, witzig. hat jemand das album von lady gaga?
vor 5 Minuten · Gefällt mir

Captain [redacted] meld dich mal da...warte: info@bka.de. einfach reinschreiben was du brauchst, die helfen dir dann.
vor 4 Minuten · Gefällt mir

Marissa [redacted] danke dir ♥
vor 2 Minuten · Gefällt mir

Anastasia [redacted]
Die 2 Assis vor mir sollen mal ihre Klappe halten. So krieg ich nichts von der Vorlesung mit, ihr seid Helden!
vor 20 Stunden · Gefällt mir · Kommentieren

> **Mike** [redacted] Sicher dass du sonst was mitkriegst oder warum surfst du auf Facebook?
> vor 20 Stunden · Gefällt mir · 3 Personen

Torben [redacted]
vermisst sie... diejenige weiß wen ich meine... ob sie dasselbe für mich fühlt?
vor 11 Stunden · Gefällt mir · Kommentieren

> **Oli** [redacted] Glaube nicht, die liegt grade neben mir.
> vor 7 Stunden · Gefällt mir

Niklas [redacted]
Wenn ihr mir heute nur 3 Wörter sagen könntet, was wären diese?
vor 7 Stunden · Gefällt mir · Kommentieren

> **Pierre** [redacted] Du bist schwul :D
> vor 7 Stunden · Gefällt mir

> **Alexandra** [redacted] Mach Deine Hausaufgaben!
> vor 7 Stunden · Gefällt mir · 3 Personen
> MUTTER

Björn [redacted]
Böses Gesicht machen (Stirn runzeln) braucht 42 Muskeln - Mittelfinger zeigen 4. Lieber einfach statt kompliziert. :D
vor 26 Minuten · Gefällt mir · Kommentieren

Jim [redacted]
Kann ich Gedanken lesen oder was? Wieso blinken Mercedesfahrer nie?
vor 10 Stunden via Handy · Gefällt mir · Kommentieren

> **Stefan** [redacted] Hinter dir denkt sich jetzt jemand: "Schau dir den Vollidioten an, schreibt während dem Fahren."
> vor 10 Stunden · Gefällt mir · 5 Personen

Nathalie [redacted]
Es gibt 4 Dinge, die ich mir nie merken werden kann: Gesichter, Nummern und Namen von neuen Bekanntschaften.
vor 8 Stunden · Gefällt mir · Kommentieren

> **Christin** [redacted] Das 4. konntest du dir nicht merken, oder wieso sind es nur 3? :-D
> vor 8 Stunden · Gefällt mir · 3 Personen

Fabian [redacted]
elena, du bitch. sorry leutz dass ich euch nochmal alle adden musste. ich sollte meine passwörter ändern, wenn meine ex noch die alten kennt. hat wohl gesehen, dass ich mit ihrer besten freundin gechatet hab. heute mittag waren mein meinvz, twitter und facebook gelöscht!
vor 2 Stunden · Gefällt mir · Kommentieren

> 9 Personen gefällt das.

Michael [redacted]
Jeder der froh ist mich zu kennen, drückt *auf gefällt mir*. kopier das in deinen status und staune !
vor 9 Stunden · Gefällt mir · Kommentieren

Jonas [redacted]
Besser kann es nicht laufen, Scanner geht auch net -.-
vor 9 Minuten · Gefällt mir · Kommentieren

> **Tobi** [redacted] Scheisse he das Giebt es doch nicht. Erst der trucker und jetzt auch noch der Scenner. Also wenn ich an deiner Stehle wäre Tete ich wahrscheinlich Durch Dreh. :D
> vor etwa einer Minute · Gefällt mir

Lars [redacted]
Leute, Homeparty! Kasten Bier ist da, den Rest selber mitbringen. Freu mich. :)
vor 5 Stunden · Gefällt mir · Kommentieren

> **Josef** [redacted] Da bin ich dabei. Wo findet sie statt? Daheim kanns ja nicht sein, also rück mal die Adresse raus. Viele Grüße, dein Vater.
> vor 5 Stunden · Gefällt mir · 2 Personen

> **Robin** [redacted] dein vater ist bei facebook? :D
> vor 4 Stunden · Gefällt mir

Carmelo [redacted]
150 euro fürn arsch und riesen ärger mit meinen eltern gehabt. -.-
vor 37 Minuten · Gefällt mir · Kommentieren

> **Eaven** [redacted] was los kollege?
> vor 35 Minuten · Gefällt mir

> **Carmelo** [redacted] meine eltern haben mein alkoholversteck im schreibtisch entdekct, als meine mutter bei mir sauber gemacht hat. haufenweise malibu, vodka, jacky, feigling usw. das schlimmste ist, sie trinken das zeug selber und ich muss zur strafe zuschauen.
> vor 32 Minuten · Gefällt mir

Mou [redacted]
Scheiße xD
Mein Kopf klingt sich aus, auf meinem Bauch steht mit Eding MARCUS und wo zur Hölle ist mein rechtes Hosenbein?! xD
vor 6 Stunden · Gefällt mir · Kommentieren

27 Personen gefällt das.

[redacted] **Tim** [redacted] xDDD
vor 5 Stunden · Gefällt mir

[redacted] **Chris** [redacted] zu geil :DD
vor 5 Stunden · Gefällt mir

Fabian [redacted]
braucht etwas gegen die Polen :(
vor 10 Stunden · Gefällt mir · Kommentieren

2 Personen gefällt das.

[redacted] **Tobias** [redacted] räum den sperrmüll ein
vor 10 Stunden · Gefällt mir · 2 Personen

[redacted] **Teresa** [redacted] polen :D poLLen!! mit doppel-l !!geil :D
vor 10 Stunden · Gefällt mir · 2 Personen

Kilian [redacted]
gestern war übrigens mein 17. geburtstag. die einzigen, die mir gratuliert haben, waren meine eltern und ein kumpel.
vor 8 Stunden · Gefällt mir · Kommentieren

[redacted] **David** [redacted] Alles Gute nachträglich...
vor 3 Stunden · Gefällt mir

Hendrik [redacted]
Holst du dir auch das neue Iphone ?
vor 20 Minuten · Gefällt mir · Kommentieren

Alwin [redacted] Ja, aber bekomme es vergünstig von nem Verwandten!
vor 20 Minuten · Gefällt mir

Hendrik [redacted] Echt von wem?
vor 19 Minuten · Gefällt mir

Alwin [redacted] Steve Jobs
vor 17 Minuten · Gefällt mir

Hendrik [redacted] ah cool
vor 17 Minuten · Gefällt mir

Alwin [redacted] Glaube du kennst ihn^^
vor 15 Minuten · Gefällt mir

Hendrik [redacted] nee.. kenne ich nicht
vor 14 Minuten · Gefällt mir

Alwin [redacted] dann google mal
vor 14 Minuten · Gefällt mir

Hendrik [redacted] Ah okay, also bekommst nun?
vor 12 Minuten · Gefällt mir · 👍 1 Person

Jason [redacted]
Kauf mir am Samstag endlich eine PS3. Irgendwelche Vorschläge für Spiele?
vor 15 Stunden · Gefällt mir · Kommentieren

Kai [redacted] Such Dir eine Arbeit, dann müssen wir Steuerzahler nicht deine Hobbies bezahlen.
vor 15 Stunden · Gefällt mir · 👍 4 Personen

Aline [redacted]
hat jonas jemand von euch erzählt, dass er work and travel in australien macht?
vor 12 Minuten · Gefällt mir · Kommentieren

Evi [redacted] Hey Süße, mir nicht. Wieso, vermisst Du ihn schon? :)
vor 9 Minuten · Gefällt mir

Julia [redacted] mir hat er davon erzählt, wieso? 3 monate wollte er ja dort bleiben. man kann ihn nur beneiden. :)
vor 8 Minuten · Gefällt mir

Aline [redacted] schön das alle bescheid wissen! ich habs vorhin durch die mailbox-ansage erfahren!
vor 5 Minuten · Gefällt mir

Patrick [redacted]
Hab mir so eine IQ-Test App fürs iPhone gekauft, aber die Resultate sind irgendwie niedrig. Kann man das Geld wieder zurückkriegen?
vor 17 Stunden · Gefällt mir · Kommentieren

Laurent [redacted] Die App kann nichts für deinen IQ
vor 17 Stunden · Gefällt mir

Michael [redacted] Den ersten Intelligenztest hast du nicht bestanden, indem du für sowas Geld ausgibst.
vor 17 Stunden · Gefällt mir · 👍 2 Personen

Kurt [redacted]
Facebook sagt, Dein Geburtstag ist heute. Alles Gute.
vor 27 Minuten · Gefällt mir · Kommentieren

Reiner [redacted] Ja, das stimmt. Danke Papa.
vor 13 Minuten · Gefällt mir

Felix [redacted]
Ich hasse es, wenn Leute jeden Status liken! Das nervt!!
vor 3 Stunden · Gefällt mir · Kommentieren

27 Personen gefällt das.

Felix [redacted] Hört auf, mein Facebook hängt sich auf!
vor 3 Stunden · Gefällt mir · 19 Personen

Felix [redacted] Ok, ok, ich geb auf. Bitte hört auf..
vor 2 Stunden · Gefällt mir · 23 Personen

Dominic [redacted]
ich kann schon wieder nicht einschlafen, jemand einen tipp?
vor 31 Minuten · Gefällt mir · Kommentieren

Laureen [redacted] zähl schafe oder zähl rückwärts von 100. hilft garantiert!
vor 27 Minuten · Gefällt mir

Dominic [redacted] neeee, zählen ist nicht so meine stärke
vor 25 Minuten · Gefällt mir

Denis [redacted] verstehe: 1, 2, 3, 4, 5, 2... Mist! Wenn man sich dauernd aufregt, kann man natürlich nicht einschlafen.
vor 19 Minuten · Gefällt mir · 2 Personen

Yanis [redacted]
Mein Gott, alles was ich heute anfasse, geht kaputt. Scheiß Tag!
vor 44 Minuten · Gefällt mir · Kommentieren

Patrick [redacted] dann hoff ich mal, dass du heute noch nicht onaniert hast...
vor 40 Minuten · Gefällt mir · 4 Personen

Kerstin [redacted]
Hab mir von Alex Hangover ausgeliehen. Bin aber noch am Anfang, mal schaun wo sie ihn verloren haben. :)
vor 14 Minuten via Handy · Gefällt mir · Kommentieren

[redacted] **Valentin** [redacted] Er wurde nicht entführt, er ist auf dem Hoteldach mit seiner Matratze!
vor 8 Minuten · Gefällt mir

[redacted] **Kerstin** [redacted] Du bist ein Arsch!!
vor 4 Minuten · Gefällt mir

Corinna [redacted]
Meine Cousine ist schwanger, ich werde Großcousine! Was ist der Grund, warum in letzter Zeit so viele schwanger werden???
vor 46 Minuten · Gefällt mir · Kommentieren

2 Personen gefällt das.

[redacted] **Josip** [redacted] Sex.
vor 34 Minuten · Gefällt mir · 3 Personen

Thomas [redacted]
Tastatur und Bildschirm kaputt und morgen hat kein Laden offen :(
vor 31 Minuten · Gefällt mir · Kommentieren

[redacted] **Bastian** [redacted] Moment, wie hast du das dann geschrieben?
vor 29 Minuten · Gefällt mir

[redacted] **Thomas** [redacted] Bildschirmtastatur
vor 25 Minuten · Gefällt mir

[redacted] **Bastian** [redacted] Mit einem kaputten Bildschirm, wtf?
vor 22 Minuten · Gefällt mir

Hanna [redacted]
Wenn sich jeder nach der Bibel richten würde, dann wär die Welt ein Stück besser!
vor 2 Stunden · Gefällt mir · Kommentieren

[redacted] **Tobias** [redacted] Epheser 5, 22: Die Weiber seien untertan ihren Männern...
vor 2 Stunden · Gefällt mir · 5 Personen

Jacqueline [redacted]
Bin mal bei der Arbeit. Wer was von mir will, weiß ja wo er mich findet!
vor 29 Minuten · Gefällt mir · Kommentieren

[redacted] **Frederick** [redacted] Autobahnraststätte A3 auf der Männer-Toilette? ^^
vor 26 Minuten · Gefällt mir · 2 Personen

Kristina [redacted]
Was denkst du eigentlich wer du bist???
vor 13 Minuten · Gefällt mir · Kommentieren

[redacted] **Nils** [redacted] Nils
vor 9 Minuten · Gefällt mir

Nelly [redacted]
Selbstexperiment Tag 3! Ohne Telefon, Fernseher und Internet auskommen. Klappt soweit ganz gut, ich vermisse nichts. Hab ja auch genügend Bücher. :)
vor 3 Stunden via Handy · Gefällt mir · Kommentieren

4 Personen gefällt das.

Vanessa [redacted]
Bin mit Handschellen am Bett festgemacht. Gerade schreibt mir mein Schatz, dass er heute Abend doch später heimkommt. Die Schlüssel liegen auf dem anderen Nachtkästchen, sowas kann wieder nur mir passieren!!!
vor 4 Stunden via Handy · Gefällt mir · Kommentieren

7 Personen gefällt das.

[redacted] **Kolja** [redacted] haaaahahaha XD
vor 4 Stunden · Gefällt mir

[redacted] **Anne-Sophie** [redacted] Ich hab gerade meinen Keks vor Lachen auf der Tastatur verteilt! Ich kann nicht mehr. Soll ich den Hausmeister Bescheid geben? :D
vor 4 Stunden · Gefällt mir

[redacted] **Manuel** [redacted] Du kannst Dir ja schon mal eine gute Ausrede ausdenken, wenn er morgen früh heimkommt. ;-)
vor 3 Stunden · Gefällt mir · 2 Personen

Petra [redacted]
Alles Gute zum Geburtstag! Ich erinnere mich noch, wie du vor 19 Jahren auf die Welt gekommen bist. 2 Tage im Krankenhaus, 2 Wochen zu spät, wolltest gar nicht raus. :)
vor 52 Minuten · Gefällt mir · Kommentieren

[redacted] **Manfred** [redacted] Ich weiß noch genau, wie er 9 Monate davor mit mir bei einer Party war. Ich bin mit ihm gekommen und anschließend ist er mit dir gegangen.
vor 38 Minuten · Gefällt mir
VATER

[redacted] **Roman** [redacted] Bah, ist das ekelhaft! Seid ihr noch ganz sauber?
vor 9 Minuten · Gefällt mir
SOHN

Domi [redacted]
An den Besitzer dieses Laptops: Man sollte seinen Laptop nicht unbeaufsichtigt stehen lassen.
Freitag um 15:38 · Gefällt mir · Kommentieren

Lars [redacted] Haha, Klassiker! ^^ Kriegt er ihn wieder zurück?
Freitag um 15:41 · Gefällt mir

Fabrice [redacted] LOOOOOOL
Freitag um 15:42 · Gefällt mir

Domi [redacted] An den Typ der mein Laptop hat. Wo bist du?
Freitag um 15:49 · Gefällt mir

Domi [redacted] Ich weiß nicht ob ich ihn dir zurückgeben sollte, du gehst ja nicht sehr verantwortungsvoll damit um. Deine Freundin Janine, mit der ich gerade skype, stimmt mir da zu. Vor allem meinte sie, du hättest Nacktbilder auf deinem Rechner, hab sie aber noch nicht gefunden.
Freitag um 15:53 · Gefällt mir · 4 Personen

Mathieu [redacted]
Das härteste was es gibt, ist demjenigen zuzuschauen, den man liebt, wie er jemanden anderen liebt...
vor 18 Minuten · Gefällt mir · Kommentieren

Stefanie [redacted] Tut mir echt leid, Kopf hoch, sie hat dich einfach nicht verdient. :(
vor 15 Minuten · Gefällt mir

Dennis [redacted] Versuch mal dich am Ellbogen mit der Zunge zu lecken, das ist noch härter.
vor 7 Minuten · Gefällt mir

Luisa [redacted]
Kann mir jemand eine Seite sagen, wo ich eine Webcam herunterladen kann?
vor 44 Minuten · Gefällt mir · Kommentieren

> **Marek** [redacted] Kann mir jemand eine Seite sagen, wo ich ein bischen Gehirn für eine Freundin herunterladen kann?
> vor 42 Minuten · Gefällt mir · 3 Personen

Melanie [redacted]
Es gibt Leute, die einem das Herz rausreißen und andere, die es einem wieder zurückgeben.
vor etwa einer Stunde · Gefällt mir · Kommentieren

> **Christian** [redacted] Die anderen nennt man Herzchirurg.
> vor 42 Minuten · Gefällt mir · 2 Personen

Janik [redacted]
mathematisches phänomen dieses jahr!! zählt zu eurem geburtsjahr euer jetztiges alter dazu und es kommt 2011 raus!
vor 47 Minuten · Gefällt mir · Kommentieren

> **Max** [redacted] was hattest du nochmal in mathe? das klappt jedes jahr und ist kein phänomen.
> vor 44 Minuten · Gefällt mir

> **Janik** [redacted] mowl, kann nicht sein. hab ich auf ner internetseite gelesen!
> vor 43 Minuten · Gefällt mir

> **Max** [redacted] dein alter ist immer die differenz zwischen dem jetzigen jahr und dem jahr, indem du geboren bist. wir haben 2011 und du bist 16. 2011-16=1995. genauso: 2011-1995=16.
> vor 38 Minuten · Gefällt mir · 3 Personen

Marco [redacted]
In welche Bar gehts heute? Jemand ne Idee?
vor 2 Stunden · Gefällt mir · Kommentieren

Rüdiger [redacted] Spar Dir lieber Dein Geld und bleib daheim.
vor 2 Stunden · Gefällt mir

Marco [redacted] Naja, so wirst du aber nie Opa. ;)
vor 2 Stunden · Gefällt mir · 3 Personen

Philipp [redacted] Bahahaaha :D
vor 2 Stunden · Gefällt mir

Volker [redacted]
Wie man eine Frau beeindruckt: gib ihr Komplimente, knuddel sie, küsse sie, liebkose sie, liebe sie, streichel sie, necke sie, tröste sie, beschütze sie, umarme sie... Wie man einen Mann beeindruckt: zeig Dich nackt, bring Bier, rede nur in den Werbepausen
vor 26 Minuten · Gefällt mir · Kommentieren

Jens [redacted] Als Sohn kann man nur stolz auf dich sein. ^^ Lass das lieber Mama nicht lesen.
vor 17 Minuten · Gefällt mir

Robin [redacted]
wie kann es sein, dass das wasser auf der unterseite der erde also am südpool nicht herunterfällt und in den weltraum verschwindet?
vor 38 Minuten · Gefällt mir · Kommentieren

Linus [redacted] Ist nicht dein Ernst, oder? Ist das eine Fangfrage?
vor 27 Minuten · Gefällt mir

Robin [redacted] beantworte einfach meine frage! ich hab schon bei google geschaut, finde aber nichts.
vor 24 Minuten · Gefällt mir

Simone [redacted]
Gerade gegen eine Glastür gelaufen. Meine Brüste haben mich davor bewahrt, mit dem Gesicht dagegenzuklatschen. :D
vor 50 Minuten via Handy · Gefällt mir · Kommentieren

8 Personen gefällt das.

Nadja [redacted]
Meine kleine ist jetzt 10 Monate alt, sooo süß, die kleine Prinzessin. Du bist mein ein und alles! :)
Donnerstag um 10:40 · Gefällt mir · Kommentieren

5 Personen gefällt das.

[redacted] **Luke** [redacted] Ich glaube nicht, dass sie in dem Alter schon bei Facebook deine Nachrichten liest.
Donnerstag um 12:16 · Gefällt mir · 2 Personen

Sascha [redacted]
Eine Frau kann vielleicht ihr Lächeln vortäuschen, aber wir können eine ganze Beziehung vortäuschen. 1:0 für uns Männer! :D
vor 4 Stunden · Gefällt mir · Kommentieren

2 Personen gefällt das.

[redacted] **Mara** [redacted] Frauen können den Orgasmus vortäuschen, was sagst du jetzt?
vor 4 Stunden · Gefällt mir · 5 Personen

[redacted] **Sascha** [redacted] 1:1
vor 4 Stunden · Gefällt mir

Sandra [redacted]
Stromausfall, ganz toll!! Egal, ich werd nachher einfach Germanys next Topmodel anschauen.
vor 50 Minuten · Gefällt mir · Kommentieren

Sebastian [redacted] Wie kannst du was schreiben, wenn der Strom ausgefallen ist?
vor 45 Minuten · Gefällt mir · 2 Personen

Wolfi [redacted] Die Frage ist eher: wie kann sie nachher Fernsehen ohne Strom?
vor 42 Minuten · Gefällt mir

Paul [redacted]
Wer mich schon mal total besoffen gesehen hat, liked diesen Status. Wenn es mehr als 30 Likes sind, habe ich ein Problem. Kopiere das in deinen Status, wenn du dich traust.
Samstag um 14:27 · Gefällt mir · Kommentieren

46 Personen gefällt das.

Christopher [redacted] Du bist ein Alkoholiker, siehs ein.
Samstag um 19:08 · Gefällt mir · 11 Personen

Marius [redacted]
Leute, ich hab nen kleinen Penis, steh auf behaarte Männer, trage gerne Frauenunterwäsche und ich Vollidiot habe vergessen mich in der PC-Abteilung auszuloggen. Viele Grüße von einem unbekannten Mädchen, das gerade das komplette Profil umstellt.
vor 24 Minuten · Gefällt mir · Kommentieren

3 Personen gefällt das.

Nicole [redacted]
gerade auf der rolltreppe 10 minuten lang gestanden, strom war ausgefallen.
vor 27 Minuten · Gefällt mir · Kommentieren

[redacted] **Dani** [redacted] Lol, wieso bist du nicht einfach hochgelaufen?
vor 23 Minuten · Gefällt mir · 2 Personen

[redacted] **Nicole** [redacted] weil die rolltreppe nicht mehr ging
vor 20 Minuten · Gefällt mir

[redacted] **Dani** [redacted] du meinst nicht zufällig aufzug, oder?
vor 18 Minuten · Gefällt mir

[redacted] **Nicole** [redacted] nein
vor 17 Minuten · Gefällt mir

Linda [redacted]
Ihr seid verheiratet? Alles Gute und viel Segen für Eure Ehe. Warum hab ich die Hochzeitsfeier nur verpasst??
vor 41 Minuten · Gefällt mir · Kommentieren

[redacted] **Marius** [redacted] Weil du a) nicht eingeladen warst und b) wir dich nicht mögen.
vor 13 Minuten · Gefällt mir

Andre [redacted]
Ich glaub mein Nachbar hat sie nicht mehr alle. Hämmert um kurz nach 2 Uhr nachts gegen meine Haustür. Ich glaub es hackt. Zum Glück war ich noch wach. Hab noch Gitarre gespielt.
vor 7 Stunden · Gefällt mir · Kommentieren

8 Personen gefällt das.

Stefan [redacted]
Gerade ist mein Gartenstuhl zusammengebrochen, hätte nie gedacht, dass mir sowas mal passiert. ^^
vor 33 Minuten · Gefällt mir · Kommentieren

Günther [redacted] Hatte dir ja gesagt, du sollst nicht zu viel Torte essen, du wirst fett.
vor 21 Minuten · Gefällt mir · 2 Personen

Stefan [redacted] Danke auch, Papa... :/
vor 18 Minuten · Gefällt mir

Niko [redacted] XD genau deswegen hab ich meinen vater nicht bei facebook!
vor 12 Minuten · Gefällt mir

Erik [redacted]
Endlich gute Nachrichten...
vor 4 Stunden · Gefällt mir · Kommentieren

Victor [redacted] Sie ist doch nicht schwanger?
vor 4 Stunden · Gefällt mir · 2 Personen

Riccardo [redacted] sie war doch über 18?
vor 3 Stunden · Gefällt mir

Mike [redacted] Es gibt jetzt Kondome in Größe XXS?
vor 3 Stunden · Gefällt mir · 2 Personen

Riccardo [redacted] du musst keinen unterhalt mehr zahlen?
vor 3 Stunden · Gefällt mir

Eddie [redacted] McDonalds akzeptiert jetzt auch Ratenzahlung?
vor 3 Stunden · Gefällt mir

Erik [redacted] Leute...ihr seid einfach nur behindert
vor 3 Stunden · Gefällt mir · 5 Personen

Olli [redacted]
Stark, am 1. März haben auch noch Thomas Anders und Harry Belafonte Geburtstag. :)
Donnerstag um 18:27 · Gefällt mir · Kommentieren

> **Micha** [redacted] Justin Bieber auch!
> Donnerstag um 18:49 · Gefällt mir · 2 Personen

> **Olli** [redacted] Ne oder? Geh weg mit dem, der kleine Teufel.
> Donnerstag um 18:53 · Gefällt mir · 2 Personen

Jonathan [redacted]
Wird Zeit für ein neues Handy, kann kaum mehr was machen. Nur noch telefonieren und SMS schreiben geht halbwegs, Facebook bzw. Internet gar nicht mehr.
vor 18 Minuten · Gefällt mir · Kommentieren

> **Roland** [redacted] Das heißt also, du hast wieder ein ganz normales Handy. Glückwunsch. ;)
> vor 15 Minuten · Gefällt mir

Christina [redacted]
Anstatt dass mir mein Göttergatte Blumen bringt, hat er mir Duschgel und Shampoo mitgebracht. Soll ich das als Wink mit dem Zaunpfahl verstehen oder ihm das Zeug an den Kopf werfen?
vor etwa einer Stunde · Gefällt mir · Kommentieren

> **Lilli** [redacted] Als ich schwanger war, kam ich nicht mehr im Bad an alle Armaturen zum putzen ran. Dann hat mir Andreas nett wie er ist, eine Verlängerung für den Schwamm gekauft... Männer!
> vor 48 Minuten · Gefällt mir · 2 Personen

Cedric [redacted]
ich fühle mich so einsam...
vor 2 Stunden · Gefällt mir · Kommentieren

[redacted] **Sabine** [redacted] Ich vermiss dich auch, Schatz! :*
vor 2 Stunden · Gefällt mir

[redacted] **Walter** [redacted] Wenn dich Sabine vermisst, was waren das für Frauenstimmen im Hintergrund, als du mich vorhin angerufen hast?
vor 44 Minuten · Gefällt mir

Lara [redacted]
beim wichteln in der schule hab ich ne lady gaga dvd bekommen. grade leg ich sie bei meinen eltern im wohnzimmer ein, dann kommt ein porno! meine eltern hams nicht geglaubt und ich hab jetzt das wochenende hausarest. :(danke du penner! wenn ich dich erwische dann reiss ich dir deinen blöden kopf ab!!!
vor etwa einer Stunde · Gefällt mir · Kommentieren

4 Personen gefällt das.

Sören [redacted]
Irgendwas läuft schief in meinem Leben. Ich hab mit WoW aufgehört, treibe Sport und meine Freundin hat sich von mir getrennt. Seitdem habe ich keine andere mehr kennengelernt! Ok, alles wieder auf Anfang, wo ist die verdammte WoW DVD...
vor 28 Minuten · Gefällt mir · Kommentieren

2 Personen gefällt das.

Maik [redacted]
ich dachte michael jackson ist tot? wie kann dann der mit akon gerade im radio auftreten?
vor 53 Minuten · Gefällt mir · Kommentieren

Passi [redacted] Ist das ein schlechter Scherz?
vor 49 Minuten · Gefällt mir

Maik [redacted] nein, der kam wirklich gerade im radio ich dachte mir nur wie das sein kann??
vor 47 Minuten · Gefällt mir

Jan [redacted] Das wurde vor seinem Tod aufgenommen... *facepalm*
vor 43 Minuten · Gefällt mir

Maik [redacted] naja war eh nicht besonders gut das lied. was ist facepalm?
vor 40 Minuten · Gefällt mir

Jan [redacted] Wenn du uns wirklich nicht verarschen willst, kann ich mir nur an den Kopf fassen. Herr schmeiß Hirn vom Himmel!
vor 34 Minuten · Gefällt mir · 👍 2 Personen

Joe [redacted] haha, das druck ich aus und verteil es morgen in der schule... ^^
vor 31 Minuten · Gefällt mir

Maik [redacted] haltet einfach die klappe :(
vor 29 Minuten · Gefällt mir

Tina [redacted]
Lukas, entscheide dich bitte mal was du willst. Willst du dich nun mit mir treffen oder nicht weil du hast mir am Telefon gesagt, dass du es willst, aber Leon sagt was anderes. Ansonsten treff ich mich Adrian. Entscheide dich mal sonst denken die Leute noch ich wäre eine Schlampe, wenn das rauskommt.
vor 16 Minuten · Gefällt mir · Kommentieren

Sally [redacted]
Hey Süßer, ich glaub ich hab was ganz wichtiges bei Dir vergessen. :)
vor 31 Minuten · Gefällt mir · Kommentieren

[redacted] **Oli** [redacted] Ist es dieser pinke BH neben meinem Bett?
vor 23 Minuten · Gefällt mir

[redacted] **Sally** [redacted] Wie bitte? Ich hab keine pinken BHs! Wieviele Frauen lassen bei Dir noch ihre Unterwäsche da???
vor 21 Minuten · Gefällt mir

[redacted] **Thorsten** [redacted] haha oli, erwischt. XDD ^^
vor 6 Minuten · Gefällt mir

Noah [redacted]
hey ist bei der ps3 mit 320GB mehr speicherplatz als auf der 160er?
vor 8 Stunden · Gefällt mir · Kommentieren

[redacted] **Leon** [redacted] Jepp ist doch klar. Ist doch doppelt so viel.
vor 8 Stunden · Gefällt mir

[redacted] **Georg** [redacted] Bist du besoffen oder warum kommst du da nicht selber drauf?
vor 7 Stunden · Gefällt mir

[redacted] **Noah** [redacted] was willst du eigentlich, war halt noch nie gut in mathe... also ist die 320er jetzt größer
vor 7 Stunden · Gefällt mir

[redacted] **Georg** [redacted] Ok, du hast 320 Äpfel und ich 160 Äpfel. Wer hat dann mehr?
vor 7 Stunden · Gefällt mir

Jule [redacted]
Kann mir jemand sagen, was die Hauptstadt von Amerika ist?
vor 2 Stunden · Gefällt mir · Kommentieren

Jessie [redacted] Washington, D.C.
vor 2 Stunden · Gefällt mir

Eva [redacted] New York
vor 2 Stunden · Gefällt mir

Jessie [redacted] Eva, ich glaube nicht ;)
vor etwa einer Stunde · Gefällt mir

Eva [redacted] Warum, hab noch nie was von Washington gehört, jeder geht nach New York, wenn er nach Amerika fliegt!
vor etwa einer Stunde · Gefällt mir

Jessie [redacted] Das ist kein Kriterium für die Wahl einer Hauptstadt. :)
vor etwa einer Stunde · Gefällt mir · 3 Personen

Bina [redacted]
Gerade eben verhindert, dass mein Auto abgeschleppt wird. Ich hab einfach die besten Überzeugungskünste.
vor 2 Stunden · Gefällt mir · Kommentieren

Jakob [redacted] will nicht wissen, wie du das gemacht hast. ;)
vor etwa einer Stunde · Gefällt mir

Florian [redacted] War er diesmal zärtlicher zu dir?
vor etwa einer Stunde · Gefällt mir · 3 Personen

Jakob [redacted] Musstest du ihn anfassen?
vor etwa einer Stunde · Gefällt mir · 2 Personen

Bina [redacted] Deppen!
vor 49 Minuten · Gefällt mir

Anna [redacted]
Super Neuschnee! Ich hab gerade 10 Minuten lang Schnee geschippt. Ich wette, wenn ich mich davor hingekniet hätte, hätte mich niemand von der Straße aus im Garten gesehen. ^^
vor 38 Minuten · Gefällt mir · Kommentieren

[redacted] **Ivo** [redacted] Wäre nicht das erste mal, dass du wegen einer Wette auf die Knie gehst...
vor 27 Minuten · Gefällt mir · 👍 2 Personen

Nino [redacted]
Zack, mittlerweile müsste ich an die 2000 Mp3s und 100 Filme geladen haben, hoffentlich erwischt mich keiner. ^^
vor 14 Minuten · Gefällt mir · Kommentieren

👍 2 Personen gefällt das.

[redacted] **Martin** [redacted] Der erste Schritt das zu vermeiden wäre, sowas nicht bei Facebook zu schreiben
vor 8 Minuten · Gefällt mir

Vanessa [redacted]
Ich hab alle sachen bei mahjong trails gelöst und komme nicht weiter und ich mag echt kein geld an die zahlen um weiter zu kommen!
12. September um 21:18 · Gefällt mir · Kommentieren

[redacted] **Lars** [redacted] Spiel lieber Farmville, brauch noch Nachbarn. ;)
12. September um 21:21 · Gefällt mir

[redacted] **Marcel** [redacted] Spielt lieber mal Real Life, hat ne geile Grafik und vor allem habt ihr dann wieder ein Leben.
12. September um 21:42 · Gefällt mir · 👍 3 Personen

Katja [redacted]
Gerade an der kasse gewesen und meine pin vergessen, mein gott wie peihnlich. Musste den großteil da lassen.
vor 39 Minuten via Handy · Gefällt mir · Kommentieren

[redacted] **Arne** [redacted] Noch peinlicher, wenn man peinlich nicht richtig schreiben kann, oder?
vor 31 Minuten · Gefällt mir

Nick [redacted]
So, gerade 2 Wände, eine Tür und eine Wand gestrichen. Fix und fertig für heute...
04. September um 17:26 · Gefällt mir · Kommentieren

2 Personen gefällt das.

[redacted] **Nina** [redacted] Sind das dann nicht insgesamt 3 Wände?
04. September um 17:38 · Gefällt mir · 5 Personen

Kenny [redacted]
Abartig geiles Wochenende bisher! Ich steh einfach auf frischen weißen Schnee!
vor etwa einer Stunde via Handy · Gefällt mir · Kommentieren

2 Personen gefällt das.

[redacted] **Paolo** [redacted] Kokain ist ein Teufelszeug, komm endlich los davon!
vor 51 Minuten · Gefällt mir

[redacted] **Kenny** [redacted] Bin in St. Moritz, nicht nur was du denkst...
vor 40 Minuten · Gefällt mir

[redacted] **Felix** [redacted] Und sowas postet man bei Facebook?
vor 34 Minuten · Gefällt mir

Katha [redacted]
Was war euer bestes Geburtstagsgeschenk bisher?
vor etwa einer Stunde · Gefällt mir · Kommentieren

[redacted] **Aline** [redacted] Meine Puppenküche damals, hab ich vergöttert. :)
vor etwa einer Stunde · Gefällt mir

[redacted] **Bianca** [redacted] Wir mussten immer aufpassen, weil du dir immer alles gleich in den Mund geschoben hast.
vor 48 Minuten · Gefällt mir

[redacted] **Aline** [redacted] Jaaaaa, Mama. Bitte nicht vor meinen Freunden!
vor 45 Minuten · Gefällt mir

[redacted] **Padde** [redacted] Du kriegst auch heute noch den Mund nicht voll genug.
vor 27 Minuten · Gefällt mir · 3 Personen

Markus [redacted]
Mein Auto gibt den Geist auf, meine Freundin verlässt mich, ich verlier auch noch mein Handy, ich packs nicht mehr. Nächste Woche krieg ich auch noch nen Finger in meinen Allerwertesten geschoben bei der Prostatauntersuchung, das hat nur noch zu meinem Glück gefehlt.
vor etwa einer Stunde · Gefällt mir · Kommentieren

2 Personen gefällt das.

[redacted] **Markus** [redacted] Sorry, warum liked ihr Vollidioten das auch noch?
vor etwa einer Stunde · Gefällt mir

[redacted] **Tim** [redacted] Wollte dich nur mit einem Daumen nach oben unterstützen.
vor etwa einer Stunde · Gefällt mir

Denise [redacted]
Mädchen lieben es, von hinten umarmt zu werden, beschützt zu werden, wenn man zärtlich zu ihnen ist, wenn er beim küssen die Hände an unser Gesicht legt, wenn er sie ganz lange in den Arm nimmt und nicht los lässt.
vor 53 Minuten · Gefällt mir · Kommentieren

Marten [redacted] Hab alles ausprobiert, aber jedes mal eine Ohrfeige bekommen
vor 45 Minuten · Gefällt mir · 👍 2 Personen

Katrin [redacted]
Ich liebe dich über alles. Willst du mich heiraten?
vor 45 Minuten · Gefällt mir · Kommentieren

👍 2 Personen gefällt das.

Ali [redacted] nicht schlecht, ich gratulier schon mal im voraus. ;)
vor 39 Minuten · Gefällt mir

Katrin [redacted] THOMAS!!! ich schwör dir, wenn du noch einmal mit meinem Facebook Account was postest, gibt es die nächsten Monate kein Sex machst!
vor 36 Minuten · Gefällt mir

Ali [redacted] bäm, damit hätte ich nicht gerechnet. ^^
vor 33 Minuten · Gefällt mir

Thomas [redacted] Das war eigentlich ein ernst gemeinter Antrag. Ich wollte nur, dass das gleich alle Freunde mitkriegen...
vor 33 Minuten · Gefällt mir

Katrin [redacted] oh schatz, das tut mir leid, ja natürlich! ♥
vor 29 Minuten · Gefällt mir · 👍 3 Personen

Victor [redacted]
jemand hat mir erzählt, wenn man sein handy in die mikrowelle steckt und in dem moment angerufen wird, entstehen radioaktive strahlen. hab nichts gesehen, aber jetzt funktioniert mein handy nicht mehr und stinkt übelst. :(
vor 47 Minuten · Gefällt mir · Kommentieren

4 Personen gefällt das.

Sarah [redacted]
Irgendwie kommt es mir so vor, als ob alle Männer nur meine Brüste mögen. Was mögt ihr wirklich an mir? :)
vor 35 Minuten · Gefällt mir · Kommentieren

4 Personen gefällt das.

[redacted] **Beni** [redacted] Außer deinen Brüsten?
vor 32 Minuten · Gefällt mir

[redacted] **Daniel** [redacted] Mir fällt gerade nichts ein...
vor 28 Minuten · Gefällt mir · 2 Personen

Dominik [redacted]
An alle: hab mein Handy aus der Reparatur, aber alle Nummern sind gelöscht. Ich brauch Nummern von allen!
vor 6 Stunden · Gefällt mir · Kommentieren

[redacted] **Leo** [redacted] 1, 2, 3, 4, 5...
vor 6 Stunden · Gefällt mir · 4 Personen

[redacted] **Maurice** [redacted] 6, 7, 8
vor 6 Stunden · Gefällt mir

Simon [redacted]
Der Arzt hat gerade festgestellt, dass ich Tripper habe. Wer in den letzten Monaten was mit mir hatte, sollte sich auch untersuchen lassen.
vor 18 Minuten · Gefällt mir · Kommentieren

[redacted] **Flo** [redacted] Ok, dann herrscht also für niemanden ernsthafte Gefahr.
vor 12 Minuten · Gefällt mir

Niklas [redacted]
Ok, mein Handy funktioniert wieder. Ihr könnt mich jetzt wieder erreichen. :)
vor 9 Stunden · Gefällt mir · Kommentieren

[redacted] **Mathias** [redacted] Morgen kommt dann der nächste Post: "Leute, mein Handy scheint immer noch kaputt zu sein, hat den ganzen Tag nicht geklingelt!"
vor 9 Stunden · Gefällt mir · 3 Personen

Rick [redacted]
Wenn du auf einer Insel gestrandet wärst und nur eine Person und 3 Sachen mitnehmen könntest, wer und was wäre das?
vor 10 Stunden · Gefällt mir · Kommentieren

[redacted] **Robert** [redacted] Meine Frau, eine Waffe, eine Schaufel und eine Zigarre.
vor 10 Stunden · Gefällt mir

[redacted] **Rick** [redacted] Die ersten 3 Sachen erscheinen mir logisch, aber wie machst du die Zigarre an?
vor 10 Stunden · Gefällt mir

[redacted] **Robert** [redacted] Den Plan muss ich nochmal überdenken. Im Prinzip reicht auch nur die Schaufel. Statt der Waffe eine Streichholzschachtel.
vor 9 Stunden · Gefällt mir · 3 Personen

Marius [redacted]
im Kampf mit mir selbst und der Playstation um meine wertvolle Zeit. Bisher 2:0 für die PS3...
vor 2 Stunden · Gefällt mir · Kommentieren

6 Personen gefällt das.

Kilian [redacted]
manche leute sind solche leghasteniker...
vor 17 Minuten · Gefällt mir · Kommentieren

Steve [redacted] *Legastheniker, welch Ironie des Schicksals. ^^
vor 13 Minuten · Gefällt mir

Janine [redacted]
flüster mir etwas ins ohr und ich werde sofort schwach... ♥
vor 26 Minuten · Gefällt mir · Kommentieren

Timo [redacted] flüster* hol mir ein bier *flüster*
vor 21 Minuten · Gefällt mir

Moe [redacted]
Mann, schon wieder ein Wochenende rum. Geht schneller als man denkt.
Dienstag um 08:32 · Gefällt mir · Kommentieren

Aljoscha [redacted] Kollege, heute ist Dienstag, wo warst du? :D
Dienstag um 08:43 · Gefällt mir · 8 Personen

Karl [redacted]
Grad beim Citylauf mitgemacht. 10 km in einer Stunde...
vor etwa einer Stunde via Handy · Gefällt mir · Kommentieren

3 Personen gefällt das.

[redacted] **Mo** [redacted] wieviel km/h bist du geloffen?
vor etwa einer Stunde · Gefällt mir

[redacted] **Karl** [redacted] Ist das eine Scherzfrage?
vor 53 Minuten · Gefällt mir

[redacted] **Simon** [redacted] km/h ist Kilometer pro Stunde. Ich denke du weißt was 10 mal 1 ist, oder?
vor 52 Minuten · Gefällt mir · 2 Personen

[redacted] **Mo** [redacted] haha, sehr witzig wie schnell denn nun?
vor 46 Minuten · Gefällt mir

Yasmin [redacted]
gibt nichts besseres als für geschichteklausur über rom zu lernen und troja anzuschauen.
vor 5 Stunden · Gefällt mir · Kommentieren

[redacted] **Christin** [redacted] Das waren die Griechen, nicht die Römer. Viel Glück bei der Klausur. ;)
vor 5 Stunden · Gefällt mir · 4 Personen

Esther [redacted]
Ich würde einiges dafür geben, wenn nicht jeder mein Leben kommentieren würde!
vor 29 Minuten · Gefällt mir · Kommentieren

[redacted] **Sebastian** [redacted] Dann schreib nicht dauernd alles bei Facebook.
vor 20 Minuten · Gefällt mir · 2 Personen

Tobias [redacted]
Wichtige Sitzung...
vor 4 Stunden via Handy · Gefällt mir · Kommentieren

Nicola [redacted] Müsstest du nicht in der Schule sein?
vor 4 Stunden · Gefällt mir

Tobias [redacted] Bin ich, bin auf dem Topf und drück eine Wurst raus.
vor 4 Stunden · Gefällt mir · 2 Personen

Patrick [redacted]
Am 11.11.11 wird jeder irgendeinen dummen Post wegen dem Datum und der Faschingszeit ablassen, ich sehs kommen.
vor 30 Minuten · Gefällt mir · Kommentieren

Carsten [redacted] Und du warst hiermit offiziell der erste.
vor 21 Minuten · Gefällt mir

Jennifer [redacted]
wieder single... :(
vor 40 Minuten · Gefällt mir · Kommentieren

Csilla [redacted] was passiert, jenni?
vor 34 Minuten · Gefällt mir

Jennifer [redacted] Nur weil ich ihn einmal betrogen hab, hat er Schluss gemacht! Was für ein Arschloch!
vor 32 Minuten · Gefällt mir

Csilla [redacted] ihr wart doch erst eine woche zusammen?
vor 29 Minuten · Gefällt mir

Gordon [redacted]
Ok, sollte die Polizei nicht ein Vorbild sein? Polizist fährt und telefoniert gleichzeitg! Fahre grade nach Hause...
vor etwa einer Stunde via Handy · Gefällt mir · Kommentieren

[redacted] **Frank** [redacted] Du fährst gerade nach Hause... Scheinbar war er für dich ein Vorbild.
vor etwa einer Stunde · Gefällt mir · 2 Personen

Romina [redacted]
Das menschliche Herz erzeugt so einen Druck, dass das Blut etwa 10 Meter weit spritzen könnte.
vor etwa einer Stunde · Gefällt mir · Kommentieren

[redacted] **Fabio** [redacted] Mein Herz ist nicht der einzige Muskel, der so weit spritzen kann.
vor 47 Minuten · Gefällt mir · 4 Personen

[redacted] **Romina** [redacted] -.-
vor 44 Minuten · Gefällt mir

Jessi [redacted]
Obwohl mein Schatz nicht mehr kommen konnte, wars doch ein toller Geburtstag! :) So viel Spaß hatte ich noch nie.
vor 33 Minuten · Gefällt mir · Kommentieren

2 Personen gefällt das.

[redacted] **Arnim** [redacted] Oh mann, les das mal selber noch mal, das ist eindeutig zweideutig. Da wird sich Jan aber freuen, wenn du über Euer Liebesleben berichtest. ^^
vor 27 Minuten · Gefällt mir · 2 Personen

Timo [redacted]
Kacke, was mach ich jetzt??
vor 3 Stunden · Gefällt mir · Kommentieren

Marcus [redacted] Nächster Schritt: Klopapier zusammenfalten und sorgfältig abwischen.
vor 3 Stunden · Gefällt mir · 6 Personen

Jochen [redacted]
Freundin hat sich von mir getrennt. Was soll noch alles passieren? Ich brauch endlich mal eine gute Nachricht...
vor etwa einer Stunde · Gefällt mir · Kommentieren

René [redacted] Neueste Studien haben ergeben: Onanieren macht nicht blind!
vor 42 Minuten · Gefällt mir

Tamina [redacted]
wir sind bald zu 3. :):)
vor 46 Minuten · Gefällt mir · Kommentieren

2 Personen gefällt das.

Dominik [redacted] Schwanger? Glückwunsch! Junge oder Mädchen, weiss man was?
vor 42 Minuten · Gefällt mir

Anne [redacted] Von wem denn? Ich weiß nur von dem, der im Gefängnis ist, war das der?
vor 39 Minuten · Gefällt mir

Tamina [redacted] Ja wir sind jetzt verlobt ♥
vor 25 Minuten · Gefällt mir

Nadja [redacted]
Mit Higheels bei 5 Grad ewig heimlaufen, macht einfach keinen Spaß...
Gestern um 22:42 via Handy · Gefällt mir · Kommentieren

Mirco [redacted] Du solltest dich morgen Nacht zum Arbeiten einfach an einer Straße bei dir um die Ecke hinstellen.
Gestern um 23:21 · Gefällt mir · 4 Personen

Simme [redacted]
Motto des Tages: Konzentriere dich auf die kleinen Dinge des Lebens! Such dir etwas, studiere es, werde eins mit ihm. Dann setze es mit der undendlichen Größe des Universums gleich und staune.
vor 22 Minuten · Gefällt mir · Kommentieren

Sophia [redacted] Ich hab dir doch gesagt, du sollst nicht dauernd mit deinem Penis rumspielen.
vor 13 Minuten · Gefällt mir · 2 Personen

Leo [redacted]
Die heißesten Weiber sind immer auch die verrücktesten! XD
vor etwa einer Stunde · Gefällt mir · Kommentieren

Anja [redacted] ich bin aber nicht verrückt ;)
vor etwa einer Stunde · Gefällt mir

Leo [redacted] Dann überleg mal, was das nun heißt.
vor 51 Minuten · Gefällt mir · 2 Personen

Cédric [redacted]
Vorhin Hand in der Schublade eingeklemmt, heilige Scheiße tut das weh! Ist voll angeschwollen
Sonntag um 15:20 · Gefällt mir · Kommentieren

17 Personen gefällt das.

Cédric [redacted] Hey, wieso liked ihr das?
Sonntag um 15:47 · Gefällt mir

Ines [redacted]
file:///C:/Users/Ines/Desktop/Lachende-Katze.jpg Gerade geschickt bekommen ^^
vor 2 Stunden · Gefällt mir · Kommentieren

Thomas [redacted] Frauen und Pcs...
vor 2 Stunden · Gefällt mir

Ines [redacted] Hä? Da gehts doch um Katzenbabies!
vor 2 Stunden · Gefällt mir

Thomas [redacted] Das ist aber ein Dateipfad von deinem PC, den du da reinkopiert hast. Das bringt uns so nichts.
vor etwa einer Stunde · Gefällt mir

Ines [redacted] Kopier den einfach in den Explorer, bei mir funktioniert das!
vor etwa einer Stunde · Gefällt mir

Thomas [redacted] Das hier zeig ich am Montag meinen Komilitonen, die lachen sich den Arsch ab. :D
vor etwa einer Stunde · Gefällt mir · 3 Personen

Ines [redacted] Bei mir funktioniert das! Von wegen Frauen und PCs...ihr Männer versteht gar nichts!
vor etwa einer Stunde · Gefällt mir

Chris [redacted]
Was, schon wieder September? Fühlt sich irgendwie so an, als wäre gestern noch eben August gewesen.
01. September um 09:14 · Gefällt mir · Kommentieren

Steffan [redacted] War es auch.
01. September um 09:27 · Gefällt mir · 👍 2 Personen

Lucy [redacted]
Ich vermisse dich, Schatz! ♥ :*
vor etwa einer Stunde · Gefällt mir · Kommentieren

Michelle [redacted] Ich vermisse meinen Schatzi auch :)
vor etwa einer Stunde · Gefällt mir

Pavel [redacted] ich vermisse meinen linken hoden, will mir jemand suchen helfen?
vor etwa einer Stunde · Gefällt mir · 👍 3 Personen

Mirco [redacted]
Der Postbote kennt mich mittlerweile schon. Klingelt und dann hat man 30 Sekunden um aufzumachen. Letztens stand ich nur in der Unterwäsche da. ^^
Gestern um 15:38 · Gefällt mir · Kommentieren

👍 2 Personen gefällt das.

Isa [redacted] Du erzählst nichts neues, passiert mir fast jedes mal.
Gestern um 15:46 · Gefällt mir

Mirco [redacted] Ich klingel morgen früh bei dir...
Gestern um 15:53 · Gefällt mir · 👍 4 Personen

Jakob [redacted]
blablabla, räum dein zimmer auf... mach ich nicht! kein bock
Gestern um 13:42 · Gefällt mir · Kommentieren

> **Frederik** [redacted] räum lieber auf.
> Gestern um 13:50 · Gefällt mir

> **Wolfgang** [redacted] Nicht wundern, wenn er nicht mehr antwortet. Habe gerade seinen PC vom Internet getrennt.
> Gestern um 14:13 · Gefällt mir

> **Kevin** [redacted] hahahaha XDDD
> Gestern um 14:17 · Gefällt mir

> **Frederik** [redacted] faaaaail
> Gestern um 14:20 · Gefällt mir

Stephanie [redacted]
Ich liebe Männer und das ist auch gut so.
vor 19 Minuten · Gefällt mir · Kommentieren

> **Caro** [redacted] Im Sinne deines Rufes solltest du hier nicht im Plural reden.
> vor 15 Minuten · Gefällt mir

Sarina [redacted]
Mein Bruder ist gerade besoffen nach Hause gekommen, das muss ich ausnutzen... ^^
vor 27 Minuten · Gefällt mir · Kommentieren

> **Anke** [redacted] Öhm, das kann leicht falsch verstanden werden, nur dass dus weißt.
> vor 12 Minuten · Gefällt mir

Nico [redacted]
single...
vor etwa einer Stunde · Gefällt mir · Kommentieren

[redacted] **Dirk** [redacted] Schon wieder, lol?
vor 21 Minuten · Gefällt mir

Ella [redacted]
Bieber Fieber!! was würde ich und meine mädels nur ohne justin machen... ♥
vor etwa einer Stunde · Gefällt mir · Kommentieren

[redacted] **Didier** [redacted] Gute Musik hören...
vor etwa einer Stunde · Gefällt mir · 👍 2 Personen

Flori [redacted]
Fuck, mir ist gerade mein iPhone in den Bierkrug gefallen. Hoffentlich ist nach dem Trocknen noch alles in Ordnung... :(
vor 31 Minuten · Gefällt mir · Kommentieren

[redacted] **Jan-Gerd** [redacted] Keine Angst, einen Bierkrug kriegst du heutzutage ziemlich günstig. ;)
vor 24 Minuten · Gefällt mir

Frank [redacted]
Heute morgen in der Bahn eine Frau gesehen, die ihren fettigen Krapfen aufgrund körperlicher Ausmaße nicht mehr aufheben konnte... Scheint ein menschlicher Schutzmechanismus zu sein.
vor 46 Minuten · Gefällt mir · Kommentieren

👍 2 Personen gefällt das.

Nic [redacted]
Ok Leute, lasst uns die Welt von dummen Menschen befreien. Wir veranstalten Kämpfe bis zum Tod für Leute mit IQ unter 80. Das machen wir so lange, bis nur noch einer übrig bleibt, den stellen wir dann im Museum aus.
vor etwa einer Stunde · Gefällt mir · Kommentieren

[redacted] **Karsten** [redacted] Abgemacht, wer ist dein erster Gegner?
vor etwa einer Stunde · Gefällt mir · 3 Personen

Susanne [redacted]
Ich werde nun ein Bild von unserem neugeborenen Baby machen und eine Gesichts-Alterungs-Software nutzen um herauszufinden wie er wohl mit 18 jahren aussieht. Dann werde ich das Bild entwickeln lassen, einrahmen und danach in unserem Haus aufhängen, so dass er es sieht wenn er älter wird. Sobald er merkt, dass er das ist, werde ich versuchen ihn davon zu überzeugen, dass er ein Zeitreisender ist.
Gestern um 13:10 · Gefällt mir · Kommentieren

6 Personen gefällt das.

Webfail-Kommentar dazu:

Dave [redacted]
Kaum auf der Welt und schon wir es verarscht :D
Antwort · 1578 · Gefällt mir · 01. September um 11:39

Melanie [redacted]
Hab mich endlich mit meinem gmail Konto bei Youtube angemeldet und einen Channel erstellt. Bald werde ich ein Youtube Star. Hab schon ein paar Ideen :)
vor 3 Stunden · Gefällt mir · Kommentieren

Per [redacted] Wäre Youporn nicht die bessere Wahl?
vor 3 Stunden · Gefällt mir · 4 Personen

Richard [redacted]
Was habt ihr den Sommer über gemacht? Ich hab nen Berg bestiegen und ein paar hübsche Mädels am See angeschaut. :)
vor 2 Stunden · Gefällt mir · Kommentieren

Julian [redacted] Ich hab mir nen Berg angeschaut und ein paar hübsche Mädels bestiegen.
vor etwa einer Stunde · Gefällt mir · 4 Personen

Lucas [redacted]
Facebook-Saufspiel Runde 1: Bei jedem Like muss Michi einen Kurzen saufen, auf gehts. Ihr habt 15 Minuten. :D
vor 24 Minuten via Handy · Gefällt mir · Kommentieren

18 Personen gefällt das.

Jonas [redacted]
Es war harte Arbeit und hat lange gedauert, aber jetzt habe ich es endlich geschafft...
vor 28 Minuten · Gefällt mir · Kommentieren

Sergio [redacted] Glückwunsch zur ersten Errektion.
vor 17 Minuten · Gefällt mir

Christoph [redacted]
Ich sinniere gerade über den Glauben. Der Glaube erfüllt mein Leben. Was ist für Atheisten dann die größte Erfüllung in ihrem Leben?
vor 5 Stunden · Gefällt mir · Kommentieren

David [redacted] ...dass sie sonntags ausschlafen können.
vor 5 Stunden · Gefällt mir · 3 Personen

Kathinka [redacted]
Notiz an mich: Nie wieder Schlafmittel und Abführmittel zusammen nehmen.
vor 3 Stunden · Gefällt mir · Kommentieren

4 Personen gefällt das.

Nastja [redacted]
Warum ist der Himmel blau?
vor 4 Stunden · Gefällt mir · Kommentieren

Philipp [redacted] Warum liegt hier Stroh rum?
vor 4 Stunden · Gefällt mir · 2 Personen

Nastja [redacted] Wieso Stroh?
vor 4 Stunden · Gefällt mir

Igor [redacted] warum hast du eine maske auf?
vor 3 Stunden · Gefällt mir · 3 Personen

Nastja [redacted] Was wollt ihr von mir???
vor 3 Stunden · Gefällt mir

Juri [redacted]
uff, mein leben ist die hölle. ich will heute nicht arbeiten.
vor 2 Stunden · Gefällt mir · Kommentieren

Svenja [redacted] Ohne Schweiss kein Preis, bzw. Gehalt, so ist das halt im Leben, da kriegst du nichts geschenkt.
vor 2 Stunden · Gefällt mir

Robert [redacted] Kommen sie zu mir ins Büro. Herr Maier und ich hatten bereits über eine Kündigung gesprochen.
vor etwa einer Stunde · Gefällt mir

Maxim [redacted]
Ok, ich sollte meine Kontakte anders nennen. Eine, die ich seit ein paar Tagen date, hat in meinen SMS gestöbert und herausgefunden, dass sie "Blond 2 - Köln" heißt. Könnt euch ja vorstellen, was dann los war.
vor 24 Minuten · Gefällt mir · Kommentieren

Ralf [redacted]
Bin jetzt auch bei Facebook, daher meine Frage, wozu ist das zu gebrauchen?
vor 33 Minuten · Gefällt mir · Kommentieren

Axel [redacted] Um zu sehen, wieviele ehemalige Schulfreunde arbeitslos sind oder rumgammmeln. Um die Ex zu beobachten, wann sie mit wem rummacht oder ungewollt schwanger wird. Um irgendwelche Weiber zu stalken, die hoffentlich ihre Privatsphäre-Einstellungen falsch haben und so an ihren Strandurlauben teilhaben. Hab ich was vergessen? Achja, ansonsten man kann mit anderen Leuten Nachrichten austauschen.
vor 25 Minuten · Gefällt mir

Valentin [redacted]
Meine Güte können hier alle nicht autofahren? Ich hätte fast 2 Unfälle gebaut.
vor etwa einer Stunde via Handy · Gefällt mir · Kommentieren

[redacted] **Klaus** [redacted] Schreibst du während dem fahren?
vor etwa einer Stunde · Gefällt mir

[redacted] **Valentin** [redacted] Ich bin ein guter Fahrer, liegt sicher nicht an mir!
vor 48 Minuten · Gefällt mir

Ralf [redacted]
Ich könnte ausrasten. Warum stellen irgendwelche Spinner rhetorische Fragen, auf die sie keine Antwort haben wollen? Lasst es doch gleich bleiben.
vor 26 Minuten · Gefällt mir · Kommentieren

[redacted] **Domenik** [redacted] Sollen wir darauf jetzt antworten?
vor 18 Minuten · Gefällt mir

Konrad [redacted]
Heute beim Sport 2 Rippen gebrochen, kanns ohne Schmerzmittel kaum aushalten. Laut Arzt dauert es mehrere Wochen, bis es von alleine heilt.
vor 40 Minuten · Gefällt mir · Kommentieren

[redacted] **Philip** [redacted] Beim Umzug morgen hilfst mir aber. Wieso soll ich sonst das riesen Sofa schleppen??
vor 24 Minuten · Gefällt mir

Denise [redacted]
ich glaub mein zwerghase ist schwanger, babyhasen, juhuuu :)
vor 2 Stunden · Gefällt mir · Kommentieren

2 Personen gefällt das.

[redacted] **Marlon** [redacted] behaltet ihr die selber?
vor 2 Stunden · Gefällt mir

[redacted] **Justin** [redacted] legen die nicht eier??!
vor 2 Stunden · Gefällt mir

[redacted] **Marlon** [redacted] wieso eier? XD
vor 2 Stunden · Gefällt mir

[redacted] **Justin** [redacted] hühner und frösche legen eier und hasen auch.
vor 2 Stunden · Gefällt mir

[redacted] **Denise** [redacted] haaaahahaha :DDDDD nicht dein ernst? hasen bekommen genauso ihre babies wie menschen, die legen keine eier :D
vor 2 Stunden · Gefällt mir · 3 Personen

[redacted] **Justin** [redacted] is ja gut, was macht ihr mich so an. so hat man mir das erzählt mit den ostereiern
vor 2 Stunden · Gefällt mir

Madeleine [redacted]
Oh man, gerade Öl nachgefüllt, woher soll ich wissen, dass das nicht zusammen mit dem Benzin in den Tank reinkommt? Nächstes mal geh ich lieber in die Werkstatt. Mir ist nie aufgefallen, wieviele blinkende Anzeigen mein Armaturenbrett hat.
vor 2 Stunden · Gefällt mir · Kommentieren

7 Personen gefällt das.

Amina [redacted]
Ist total glücklich :)
vor etwa einer Stunde · Gefällt mir · Kommentieren

[redacted] **Luca** [redacted] Ich auch auch :)
vor 53 Minuten · Gefällt mir

[redacted] **Amina** [redacted] Ich lieb dich total! ♥
vor 51 Minuten · Gefällt mir

[redacted] **Luca** [redacted] Ich dich noch viel mehr! ♥♥
vor 48 Minuten · Gefällt mir

[redacted] **Amina** [redacted] ♥♥♥
vor 47 Minuten · Gefällt mir

[redacted] **Luca** [redacted] ♥♥♥♥
vor 47 Minuten · Gefällt mir

[redacted] **Adam** [redacted] Boah ich lösch euch jetzt beide. Eure Liebestudelei geht ja mal voll aufn Sack, macht das in nem Chat oder sonst wo. Muss mich erst mal übergeben.
vor 43 Minuten · Gefällt mir

Ruben [redacted]
Eeeendlich, brandneue XBox 360 an meinem 42 Zoll 3D Flatscreen. Dazu ne hammer Anlage, was will man mehr. Ihr seht mich die nächsten paar Wochen nicht mehr. :D
vor 47 Minuten · Gefällt mir · Kommentieren

[redacted] **Ruben** [redacted] Liebe Einbrecher, falls ihr das lest, bitte klaut bei mir nichts, das ist alles was ich habe. :(
vor 43 Minuten · Gefällt mir · 👍 2 Personen

Max [redacted]
Lara sind wir noch zusammen oder nicht?
vor 32 Minuten · Gefällt mir · Kommentieren

Max [redacted] Bitte muss es schnell wissen.
vor 31 Minuten · Gefällt mir

Lara [redacted] Klar sind wir zusammen, aber warum willst du das so schnell wissen, muss ich irgendwas wissen?
vor 28 Minuten · Gefällt mir

Max [redacted] Gut, dann sag ich Tina ab. Hab dich lieb!
vor 26 Minuten · Gefällt mir

Kevin [redacted]
Ab zu seinem Baby!
Mittwoch um 20:09 · Gefällt mir · Kommentieren

3 Personen gefällt das.

Brigitte [redacted] Schatz, weißt du, was mir in letzter Zeit überhaupt nicht passt?
Mittwoch um 20:15 · Gefällt mir

Kevin [redacted] Kleidergröße 36?
Mittwoch um 20:19 · Gefällt mir

Brigitte [redacted] Du bist ein Wixxer!
Mittwoch um 20:26 · Gefällt mir

Thomas [redacted] :D
Mittwoch um 20:31 · Gefällt mir

Tiemo [redacted]
Irgendwas stimmt mit meiner Ex nicht, sie findet mich seltsam und gruselig, ich verstehs nicht. Ich würde eher sagen, ein bischen verrückt, aber daran ist sie nicht unschuldig.
vor etwa einer Stunde · Gefällt mir · Kommentieren

[redacted] **Nadja** [redacted] Du bist einfach nur bescheuert! Ich bin nicht deine Ex und war auch noch nie deine Freundin! Was willst du von mir?
vor etwa einer Stunde · Gefällt mir

[redacted] **Tiemo** [redacted] Siehst du, schon wieder. Du bist seltsam.
vor etwa einer Stunde · Gefällt mir

[redacted] **Anna** [redacted] ihr wart noch nie zusammen. du kennst meine schwester doch nur über facebook, weil du ihr eine anfrage geschickt hast
vor 46 Minuten · Gefällt mir

[redacted] **Tiemo** [redacted] Ist das jetzt eine Verschwörung?
vor 43 Minuten · Gefällt mir

Yannik [redacted]
Grad Reportage im Fernsehen gesehen. Die behaupten, die Akropolis wäre etwa 2500 Jahre alt. Wir haben 2011, man sind die dumm wie soll das gehen! XD
vor 28 Minuten · Gefällt mir · Kommentieren

[redacted] **Mike** [redacted] Es gibt auch eine Zeitrechnung vor den Kalenderjahren.
vor 23 Minuten · Gefällt mir

[redacted] **Yannik** [redacted] Trotzdem kann es maximal 2011 Jahre alt sein!
vor 19 Minuten · Gefällt mir

Marcel [redacted]
Dad findet letzte Woche den BH von Linda beim aufräumen meines Zimmers. Peinlichkeitsskala 3 von 5. Marinas Höschen 4 von 5. Und heute findet meine Mutter unter dem Bett das Gleitgel. Peinlichkeitsskale 5/5. Wir haben einen Gewinner.
08. September um 20:27 · Gefällt mir · Kommentieren

5 Personen gefällt das.

Stephanie [redacted] Und alle deine Freunde aus deiner Facebook Liste wissen nun, dass deine Eltern noch immer dein Zimmer zusammenräumen. Du bist 21! Peinlichkeitsskala 10 von 10. Wir haben einen neuen Gewinner.
08. September um 20:39 · Gefällt mir

Maik [redacted] zing zing :D
08. September um 20:57 · Gefällt mir

Sandra [redacted] haha geilste kommentar von stephi
08. September um 21:02 · Gefällt mir

Adina [redacted]
Was verbindet uns alle?
vor etwa einer Stunde · Gefällt mir · Kommentieren

Sonja [redacted] Liebe, das Bedürfnis nach Nähe. Der Glaube an das Gute?
vor 50 Minuten · Gefällt mir

Adina [redacted] Schön wärs, ich möchte das gerne glauben. Ich glaube auch an das Gute im Menschen. :)
vor 46 Minuten · Gefällt mir

Daniel [redacted] Facebook.
vor 27 Minuten · Gefällt mir

Katrin [redacted]
Meine Eltern wollen ein neues Auto kaufen,hat jemand ideen?
14. September um 20:43 · Gefällt mir · Kommentieren

[redacted] **Alexandra** [redacted] der nue clio ist schön.
14. September um 20:48 · Gefällt mir

[redacted] **Oliver** [redacted] ihr wollt das alte auto verkaufen? neeeinnnn!
14. September um 20:51 · Gefällt mir

[redacted] **Katrin** [redacted] Ja, er ist schon ziemlich alt.
14. September um 20:53 · Gefällt mir

[redacted] **Oliver** [redacted] Das kannst du nicht machen. nicht mit all den schönen sexuellen erfahrungen auf dem rücksitz. :(
14. September um 20:59 · Gefällt mir

[redacted] **Katrin** [redacted] :) Ja was solls...
14. September um 21:05 · Gefällt mir

[redacted] **Peter** [redacted] Kathi ich hoffe für dich und den Halbstarken, dass das nur ein Scherz war.
14. September um 21:14 · Gefällt mir

VATER

[redacted] **Oliver** [redacted] Bin mal off für heute.
14. September um 21:16 · Gefällt mir

Webfail-Kommentar dazu:

Katrin [redacted]
Der neue Wagen ist bestimmt schnell eingeweiht :D
Antwort · 191 · Gefällt mir · 20. September um 11:52

Alina [redacted]
Ich bin schwanger!
Sonntag um 15:16 · Gefällt mir · Kommentieren

9 Personen gefällt das.

[redacted] **Daniela** [redacted] Bist du dir sicher?
Sonntag um 15:22 · Gefällt mir

[redacted] **Alina** [redacted] Ja, hab nen Schwangerschaftstest gemacht.
Sonntag um 15:24 · Gefällt mir

[redacted] **Daniela** [redacted] haha wie geil. wer ist der vater?
Sonntag um 15:27 · Gefällt mir

[redacted] **Alina** [redacted] Ich denke Florian
Sonntag um 15:30 · Gefällt mir

[redacted] **Florian** [redacted] ACH DU HEILIGE SCHEISSE!!!
Sonntag um 15:36 · Gefällt mir

Webfail-Kommentar dazu:

Niclas [redacted]
Ich seh' schon die nächste 'Mitten im Leben' Folge auf RTL.
Antwort · 934 · Gefällt mir · 14. September um 11:36

Claire [redacted]
Manchmal denke ich echt, ihr Männer denkt mit nur eurem Penis, bei dem was ihr hier manchmal sagt, bzw. schreibt!
vor etwa einer Stunde · Gefällt mir · Kommentieren

[redacted] **Moritz** [redacted] cvykbyd-fy g dfky-dycb
vor 37 Minuten · Gefällt mir · 2 Personen

Roland [redacted]
echt geilen sex mit vicky gehabt. so richtig geil französisch.
06. September um 17:53 · Gefällt mir · Kommentieren

4 Personen gefällt das.

Viktoría [redacted] 1. Wer gibt dir das Recht sowas auf Facebook zu posten. 2. War es nun sicher das letzte Mal. 3. War es eher griechisch!
06. September um 18:29 · Gefällt mir

Roland [redacted] hä? warum griechisch.
06. September um 18:35 · Gefällt mir

Viktoría [redacted] Na, ne riesen Pleite ;)
06. September um 18:42 · Gefällt mir

Daniela [redacted] that's my viki! :-D
06. September um 18:49 · Gefällt mir

Kevin [redacted]
Chef ich gehe heim, fühl mich heute nicht so wohl!
vor 3 Stunden · Gefällt mir · Kommentieren

Robert [redacted] Ok, wo denn? Im Kopf oder im Bauch?
vor 3 Stunden · Gefällt mir

Kevin [redacted] Ne, im Büro!
vor 3 Stunden · Gefällt mir

Robert [redacted] Du Scherzkeks. Wie ich sehe, hast du nichts zu tun. Kannst gleich raufkommen, um den 60seitigen Vertrag 4 mal zu kopieren.
vor 3 Stunden · Gefällt mir

Kevin [redacted] shit
vor 3 Stunden · Gefällt mir

Stina [redacted]
Wieder single :(und am Ende war Marco so ein Arsch zu mir!
vor 8 Stunden · Gefällt mir · Kommentieren

[redacted] **Theresa** [redacted] Männer! Kopf hoch, Liebes. Wir machen mal wieder einen Frauenabend!
vor 8 Stunden · Gefällt mir

[redacted] **Anni** [redacted] Männer sind doch alle gleich, scheiß auf die Typen. Die denken doch eh nur mit ihrem kleinen Stück. Männer gehen und kommen, wir Freundinnen halten zusammen. Uns kann nichts trennen.
vor 8 Stunden · Gefällt mir · 👍 2 Personen

[redacted] **Stina** [redacted] Danke Mädels! *bussi*
vor 7 Stunden · Gefällt mir

[redacted] **Anni** [redacted] Ok, vergesst was ich gesagt habe, bin jetzt mit Marco zusammen.
vor 2 Stunden · Gefällt mir

[redacted] **Stina** [redacted] Das ist nicht euer Ernst??!!?
vor etwa einer Stunde · Gefällt mir

Julia [redacted]
ich möchte popoliebe! aber tuts denn arg weh? wie ist das mim popoinhalt =_= ? muss man beim ersten mal etwas beachten oder machen? kann ich dadurch auch einen orgasmus erlangen? wie hoch ist der spaßfaktor für beide? mit oder ohne gummi?
vor etwa einer Stunde · Gefällt mir · Kommentieren

[redacted] **Michael** [redacted] Wieso wundert mich das jetzt nicht?
vor 23 Minuten · Gefällt mir

Sarah [redacted]
Ich liebe Joga
vor 3 Stunden · Gefällt mir · Kommentieren

Basti [redacted] Ja. Da kann man sein Jing und Jang in Einklang bringen.
vor 3 Stunden · Gefällt mir

Sarah [redacted] Stimmt. So gehts mir auch.
vor 3 Stunden · Gefällt mir

Roman [redacted] Da kauf ich mir liebe eine Jacht.
vor 3 Stunden · Gefällt mir

Sarah [redacted] Was hat denn das mit Joga zu tun?
vor 3 Stunden · Gefällt mir

Basti [redacted] :) War nurn Yoke!
vor 3 Stunden · Gefällt mir

Sarah [redacted] Versteh ich nich
vor 2 Stunden · Gefällt mir

Roman [redacted] Ist egal. Ist doch Yacke wie Hose...
vor 2 Stunden · Gefällt mir

Sarah [redacted] Jungs, ihr schreibt manchmal son Müll zusammen...!
vor 2 Stunden · Gefällt mir

Silas [redacted]
Mittlerweile glaube ich, dass Like Buttons für Leute sind, die zu faul zum kommentieren sind.
vor 6 Stunden · Gefällt mir · Kommentieren

13 Personen gefällt das.

Tamara [redacted]
Kann mir mal jemand helfen. Hab mir nen neuen Drucker gekauft und weiß nicht wie ich Querformat drucke
vor 41 Minuten · Gefällt mir · Kommentieren

[redacted] **Jakob** [redacted] dreh den Drucker rum
vor 36 Minuten · Gefällt mir

[redacted] **Tamara** [redacted] Nach rechts oder nach links?
vor 32 Minuten · Gefällt mir

[redacted] **Jakob** [redacted] nach links
vor 29 Minuten · Gefällt mir

[redacted] **Tamara** [redacted] Ok und dann?
vor 23 Minuten · Gefällt mir

[redacted] **Jakob** [redacted] nicht dein ernst oder?
vor 19 Minuten · Gefällt mir

[redacted] **Tamara** [redacted] Was denn? Also doch nach rechts?
vor 16 Minuten · Gefällt mir

[redacted] **Jakob** [redacted] Färb dir deine Haare bitte blond!
vor 13 Minuten · Gefällt mir

[redacted] **Tamara** [redacted] Arschloch!!!
vor 11 Minuten · Gefällt mir

Webfail-Kommentar dazu:

Jan [redacted]
Die dreht wahrscheins auch das Viereck bei Tetris :D
Antwort · 221 · Gefällt mir · 06. September um 11:37

Denaj [redacted]
Mein C tut W! :(
Dienstag um 16:21 via Handy · Gefällt mir · Kommentieren

Katha [redacted] O W du Armer!
Dienstag um 16:35 · Gefällt mir

Jessi [redacted]
ich hab jetz nochmal 30 mal per SMS gespendet. ich weiß zwar nicht wie die das machen, aber pro SMS werden 5 euro für ne hilfsorganisation gespendet :) das ist ein gutes gefühl, das werd ich jetz jeden tag machen. macht ihr auch?
vor 2 Stunden · Gefällt mir · Kommentieren

Svenja [redacted] Wie lang willst du das machen? Da werden sich deine Eltern aber über die Handyrechnung freuen!
vor 2 Stunden · Gefällt mir

Jessi [redacted] hä, wieso? ich hab frei SMS und die bezahlen das doch. also wen jcukts...
vor 2 Stunden · Gefällt mir

Svenja [redacted] Nein, du hast soeben 30 * 5 €, d.h. 150 € gespendet. Weiß nicht wie oft du das schon gemacht hast, aber bei der nächsten Rechnung gibts bestimmt Ärger. ;)
vor etwa einer Stunde · Gefällt mir · 1 Person

Jessi [redacted] SCHEI?E!! NE ODER???
vor etwa einer Stunde · Gefällt mir

Webfail-Kommentar dazu:

Tasnim [redacted]
Und was lernt man daraus??? Durch die Dummheit einiger Menschen sterben in Afrika weniger Menschen !!! ABSOLUTER WIN
Antwort · 1916 · Gefällt mir · 07. Oktober um 11:32

Johannes [redacted]
leute, added mich bitte, ich brauch mehr freunde! :)
vor 2 Stunden · Gefällt mir · Kommentieren

Timo [redacted] Denkst du eine Sekunde nach bevor du was postest?
vor 2 Stunden · Gefällt mir

Johannes [redacted] wieso man kann nie genug freunde haben
vor etwa einer Stunde · Gefällt mir

Timo [redacted] Den Post wird niemand sehen, den sehen nur deine Freunde! :D
vor etwa einer Stunde · Gefällt mir · 4 Personen

Luis [redacted] hahaha, du honk XD
vor etwa einer Stunde · Gefällt mir

Webfail-Kommentar dazu:

Lix [redacted]
nene, der ist auf Gymi und sooo intelligent, der wusste, dass das auf Webfail.at gepostet wir und erreicht damit 10'000e von Leuten =)
Antwort · 493 · Gefällt mir · 29. September um 11:19

Maña [redacted]
Mein Leben: 30% Schlafen, 10% Essen, 10% Facebook, 40% Schule, 3% Hausaufgaben, 18% Freunde treffen. :)
vor 7 Minuten · Gefällt mir · Kommentieren

Sabrina [redacted] 0% Mathe, wies scheint.
vor 2 Minuten · Gefällt mir

Isabella [redacted]
Puh, gott sei dank nicht schwanger, der test war zum glück positiv
vor etwa einer Stunde · Gefällt mir · Kommentieren

2 Personen gefällt das.

[redacted] **Lennart** [redacted] Du weißt aber schon, dass positiv schwanger bedeutet?
vor etwa einer Stunde · Gefällt mir · 3 Personen

[redacted] **Isabella** [redacted] wirklich?
vor etwa einer Stunde · Gefällt mir

[redacted] **Lennart** [redacted] Jepp, kleine du bist schwanger.
vor etwa einer Stunde · Gefällt mir

[redacted] **Isabella** [redacted] ach du scheiße meine eltern killen mich!!!
vor 51 Minuten · Gefällt mir

[redacted] **Robin** [redacted] papa weiß bescheid. hab sms geschickt
vor 45 Minuten · Gefällt mir · 4 Personen

Florian [redacted]
hört auf mir dauernd farmville anfragen zu schicken! das geht mir so auf die eier, das nervt. und farmville spielen verblödet!
vor 17 Minuten · Gefällt mir · Kommentieren

[redacted] **Marina** [redacted] Klick einfach auf X und dann verbergen. Dann siehst es nicht mehr, so mach ichs immer.
vor 8 Minuten · Gefällt mir

[redacted] **Florian** [redacted] neee, vllt will ichs ja dann doch noch spielen. hört IHR lieber auf mir son scheiß zu schicken!
vor 6 Minuten · Gefällt mir

Jan-Philipp [redacted]
Schatz, bist du böse?
Gestern um 19:37 · Gefällt mir · Kommentieren

Melissa [redacted] nein
Gestern um 19:43 · Gefällt mir

Jan-Philipp [redacted] Bist du sicher nicht böse?
Gestern um 19:45 · Gefällt mir

Melissa [redacted] nein
Gestern um 19:46 · Gefällt mir

Jan-Philipp [redacted] 100%ig?
Gestern um 19:46 · Gefällt mir

Melissa [redacted] ich sagte doch nein
Gestern um 19:48 · Gefällt mir

Jan-Philipp [redacted] Gut dann komm ich nachher noch auf eine Zigarette vorbei und hole mir einen Kuss ab!
Gestern um 19:52 · Gefällt mir

Melissa [redacted] GEH UND HOL DIR DEINEN KUSS VON DEM HÄSSLICHEN MÄDCHEN, BEI DEREN BILDER DU STÄNDIG AUF GEFÄLLT MIR DRÜCKST!!
Gestern um 20:00 · Gefällt mir

Jan-Philipp [redacted] -.-
Gestern um 20:03 · Gefällt mir

Davyd [redacted]
Versuche dauernd mein Facebook Passwort in penis zu ändern, aber Facebook sagt mir dauernd, dass es zu kurz wäre...
vor etwa einer Stunde · Gefällt mir · Kommentieren

Katja [redacted]
schon wieder ne nachricht von wildfremden typen bekommen, der mit mir nen kaffee trinken gehen will... nervt langsam. kenn die typen nicht mal
vor etwa einer Stunde · Gefällt mir · Kommentieren

Sophie [redacted] waren keine süßen dabei? :)
vor 45 Minuten · Gefällt mir

Robert [redacted] was heißt hier von wildfremden typen? du hast gestern meine freundschaftsanfrage bestätigt
vor 29 Minuten · Gefällt mir

Katja [redacted] stimmt, das bedeutet wir sind nun beste freunde *achtungronie*
vor 22 Minuten · Gefällt mir

Henrik [redacted]
An alle die gerade an der Uni sind: hab mich ausgesperrt, zum glück reicht das wlan bis hier oben. Könnt ihr mir bitte die Tür zum Dachh aufmachen? Ist hinter mir zugefallen. Danke!
vor 25 Minuten · Gefällt mir · Kommentieren

2 Personen gefällt das.

Nadja [redacted] Das ist der merkwürdigste Status, den ich je gelesen habe. :D
vor 22 Minuten · Gefällt mir

Daniel [redacted] Warte ich komme. ^^ Bei den Mathematikern oben?
vor 21 Minuten · Gefällt mir

Henrik [redacted] Ja, ich geh hier sicher nicht weg.
vor 21 Minuten · Gefällt mir

Ina [redacted]
Hmmm, lecker Cocktail mit Triple Sekt, Gin und Anussirup... :P
vor 2 Stunden via Handy · Gefällt mir · Kommentieren

[redacted] **Mary** [redacted] klingt irgendwie nicht so lecker
vor 2 Stunden · Gefällt mir

[redacted] **Philipp** [redacted] lol, anussirup, beschde XD
vor 2 Stunden · Gefällt mir

[redacted] **Ina** [redacted] ANIS, ICH MEINTE ANIS!
vor etwa einer Stunde · Gefällt mir

[redacted] **Philipp** [redacted] ne is klar
vor etwa einer Stunde · Gefällt mir

Alexander [redacted]
Wenn ihr mich schon mal betrunken gesehen habt, liked diesen Status. Wenn ich mehr als 20 Likes habe, bin ich Alkoholiker und habe ein Problem.
Gestern um 22:41 · Gefällt mir · Kommentieren

5 Personen gefällt das.

[redacted] **Sven** [redacted] Alter ich hoff mal nicht, dass du Alkoholiker bist. Sonst wäre ich auch ein Alkoholiker :D
Gestern um 22:49 · Gefällt mir

[redacted] **Frank** [redacted] Als euer Mitbewohner möchte ich euch mitteilen, dass ihr auf jeden Fall Alkoholiker seid. Sven, du hast Alex letztes Wochenende bei der WG-Party von hinten angepinkelt, weil er zu lange auf dem Klo gebraucht hat. Und wer hat wohl alles aufputzen müssen?? Hoffentlich zieht ihr bald aus...
Gestern um 22:54 · Gefällt mir · 3 Personen

Hanna [redacted]
Wie kann es sein, dass ich schon wieder schwanger bin?
Dienstag um 21:35 · Gefällt mir · Kommentieren

[redacted] **Kathrin** [redacted] dazu gehören immer 2...
Dienstag um 21:42 · Gefällt mir

[redacted] **Andreas** [redacted] Badewanne, Toilettensitze, unbefleckte Empfängnis. Es gibt so viele Sachen, die daran Schuld sein können. Oder weil du vielleicht mit JEDEM rummachst?
Dienstag um 22:01 · Gefällt mir · 👍 2 Personen

[redacted] **Manuel** [redacted] Autsch, der saß. :D Glückwunsch zum Kind, btw
Dienstag um 22:05 · Gefällt mir

Jana [redacted]
Ok, Leute, das ist jetzt wichtig, bitte spart euch blöde Kommentare. Wisst ihr noch wie der Typ hieß, mit dem ich letztens geschlafen habe? Muss da was mit ihm klären.
vor 4 Stunden · Gefällt mir · Kommentieren

[redacted] **Krystyna** [redacted] Du hattest doch an dem Abend was mit Alex und Robert, oder? Weiß nicht welchen von beiden du jetzt meinst.
vor 4 Stunden · Gefällt mir

[redacted] **Jana** [redacted] Puh, der Name bringt mir nicht viel. Der blonde und nicht der braunhaarige
vor 4 Stunden · Gefällt mir

[redacted] **Krystyna** [redacted] Ah, der blonde war Alex.
vor 4 Stunden · Gefällt mir

[redacted] **Jana** [redacted] Danke.
vor 4 Stunden · Gefällt mir

Dominik [redacted]
Meine Hand tut verdammt weh... Maria ich vermiss dich so! :)
vor 18 Minuten · Gefällt mir · Kommentieren

Todo [redacted] Haha, jetzt musst wohl selber erstmal Hand anlegen XD
vor 12 Minuten · Gefällt mir

Martina [redacted]
Wer auch immer meine Nummer an fremde Leute weitergibt, hört sofort auf damit! Das ist nicht mehr lustig! Das ist jetzt schon das zweite mal, dass ich meine nummer wechseln muss!!
vor 19 Minuten · Gefällt mir · Kommentieren

Sarah [redacted] welcher idiot war das?
vor 17 Minuten · Gefällt mir

Oliver [redacted] Vielleicht weil die Nummer jeder auf deinem Profil einsehen kann? XD
vor 17 Minuten · Gefällt mir

Simon [redacted]
Gerade meinen Highscore bei Farmville gebrochen!
vor 16 Minuten · Gefällt mir · Kommentieren

Anika [redacted] Wem erzählst du das?? Wissen wir doch mittlerweile alle, du hast den Highscore auf meiner Pinnwand gebrochen, indem du mir dauernd solche beschissenen Spam-Anfragen uaf die Pinnwand postest!!!
vor 9 Minuten · Gefällt mir · 👍 1 Person

Simon [redacted] Bist du auch bei Farmville?
vor 3 Minuten · Gefällt mir

Daniel [redacted]
ich hab die beste freundin der welt gefunden! :) lieb dich, schatz!
vor etwa einer Stunde · Gefällt mir · Kommentieren

2 Personen gefällt das.

[redacted] **Steffen** [redacted] Hoffentlich hält sie diesmal mehr aus als die alte...
vor 37 Minuten · Gefällt mir

[redacted] **Daniel** [redacted] hm, was laberst du?
vor 32 Minuten · Gefällt mir

[redacted] **Steffen** [redacted] die letzte hat doch immer wieder luft verloren. wie lang brauchst diesmal um sie aufzublasen?
vor 24 Minuten · Gefällt mir

Martin [redacted]
So, bin jetzt wieder single.
Gestern um 18:34 · Gefällt mir · Kommentieren

15 Personen gefällt das.

[redacted] **Tom** [redacted] Glückwunsch, Alter.
Gestern um 18:39 · Gefällt mir

[redacted] **Melanie** [redacted] oh mein gott, du und Tanja habt euch getrennt? warum?
Gestern um 19:59 · Gefällt mir

[redacted] **Tanja** [redacted] du und all deine behinderten freunde, die bei diesem status gefällt mir gedrückt haben können mich mal kreuzweise!
Gestern um 20:04 · Gefällt mir

[redacted] **Martin** [redacted] Beantwortet diese Aussage deine Frage Melanie?
Gestern um 20:11 · Gefällt mir

Natalie [redacted]
Erik, ich hab dir mehrere dinge zu sagen: 1. wie zur hölle bist du an meine handynummer gekommen? 2. hör auf mir dauernd liebes-sms und selbstpotrait-bilder zu schicken, du bist nicht sexy! 3. ich würde niemals was mit dir anfangen, du bist erstens nicht hübsch, zweitens total bescheuert. 4. nach den ersten 3 punkten sollte dir irgendwann klar werden, dass ich dich nicht heirate! 5. und schick anderen leuten keine sms, dass du mit mir zusammen bist!!! vollidiot!
Montag um 09:57 · Gefällt mir · Kommentieren

[redacted] **Erik** [redacted] So, zurück vom Urlaub. Hab das Handy für wichtige Anrufe bei meinem Bruder gelassen. Gut zu wissen, dass man ihm nicht trauen kann und wie du über mich denkst.
Samstag um 13:09 · Gefällt mir

Daniel [redacted]
Ich liebe es Computerkurse zu leiten. Täglich neue, lustige und skurile Sachen, die mir widerfahren.
Donnerstag um 17:31 · Gefällt mir · Kommentieren

[redacted] **Jule** [redacted] machs nicht so spannend, erzähl!
Donnerstag um 17:39 · Gefällt mir

[redacted] **Daniel** [redacted] Heute beim Einsteigerkurs erste Stunde für absolute Computer-Neulinge. Meine Aufgabe: nehmen sie Maus in die Hand und fahren sie damit in die rechte oberen Bildschirmecke. Was macht die Dame Mitte 40? Sie nimmt die Maus in die Hand und klatscht die Maus an die rechte obere Ecke des Bildschirms.
Donnerstag um 17:52 · Gefällt mir · 4 Personen

[redacted] **Jule** [redacted] hahaha :D
Donnerstag um 18:01 · Gefällt mir

Sascha [redacted]
gerade übelst auf die fresse geflogen
Mittwoch um 16:03 via Handy · Gefällt mir · Kommentieren

[redacted] **Vera** [redacted] Alles ok, was hast denn angestellt? :D
Mittwoch um 16:05 · Gefällt mir

[redacted] **Sarah** [redacted] noch alles dran?
Mittwoch um 16:05 · Gefällt mir

[redacted] **Sascha** [redacted] Ja ich bin vornüber geflogen. Ich hab mich hingelegt und hab nicht gemerkt, dass meine füsse eingeschlafen sind. Spring aus dem Bett und meine Beine melden sich mal komplett ab. Kopf küsst Boden...
Mittwoch um 16:08 · Gefällt mir

[redacted] **Vera** [redacted] Bahahaha! Zu geil :D Ok, und das erste was du machst, ist uns erst mal bei facebook zu informieren?
Mittwoch um 16:10 · Gefällt mir

[redacted] **Sascha** [redacted] Jepp :-)
Mittwoch um 16:11 · Gefällt mir

[redacted] **Vera** [redacted] du liegst nicht zufällig noch auf dem boden oder?
Mittwoch um 16:14 · Gefällt mir

[redacted] **Sascha** [redacted] ...
Mittwoch um 16:15 · Gefällt mir

Darko [redacted]
Immer dieses "Haaaallooooo, meine Augen sind hier oben". Wie ich Einstellungsgespräche mit weiblichen Personalchefs hasse!!!
vor 12 Minuten · Gefällt mir · Kommentieren

Pascal [redacted]
liebt seine freundin über alles :)
vor 25 Minuten · Gefällt mir · Kommentieren

Daniela [redacted] Freundin? Eher Frau oder?
vor 18 Minuten · Gefällt mir

Pascal [redacted] Achso, ja klar, mein ich doch. Denk immer noch sie wär nur meine Freundin.
vor 14 Minuten · Gefällt mir

Luisa [redacted] Das nimmt dir doch jetzt keiner ab, oder?
vor 12 Minuten · Gefällt mir

Annika [redacted]
Warum dürfen beim Curling eigentlich nicht Männer und Frauen zusammenspielen?
vor etwa einer Stunde · Gefällt mir · Kommentieren

Thomas [redacted] Männer können einfach besser curlen, wer braucht da noch Weiber?
vor 49 Minuten · Gefällt mir

Norman [redacted] Vielleicht weil Frauen einen unfairen Vorteil haben, weil sie ans wischen gewohnt sind?
vor 47 Minuten · Gefällt mir

Lukas [redacted]
Merke: Zu Polizisten zu sagen "Na? Bockig, weil Mutti euch beiden heute Morgen wieder das Gleiche angezogen hat?" kommt nicht so gut an...
Sonntag um 11:21 · Gefällt mir · Kommentieren

Larissa [redacted]
Warum schmeckt Sperma nicht süß, wenn es doch Glucose beinhaltet?
vor 22 Minuten · Gefällt mir · Kommentieren

Erich [redacted] Die Geschmacksrezeptoren liegen auf der Zunge und nicht im Rachen.
vor 15 Minuten · Gefällt mir

Larissa [redacted] Ok, das erklärt einiges.
vor 12 Minuten · Gefällt mir

Gianni [redacted]
Hab meiner Freundin gesagt, sie soll mir bitte Bier mitbringen, weil sie einkaufen gefahren ist. Wollte mich überraschen lassen, welche Sorte sie mir bringt.
vor 2 Stunden · Gefällt mir · Kommentieren

Felix [redacted] was hat sie gebracht?
vor 2 Stunden · Gefällt mir

Gianni [redacted] Karamalz.
vor 2 Stunden · Gefällt mir

Teresa [redacted]
Ich sag heute zu meinem Mann: "Kauf bitte ein Brot. Und wenn sie Eier haben, bring 8 mit." Etwas später kommt er mit 8 Broten zurück. Ich frage ihn: "Warum hast du 8 Brote gekauft?" Er darauf: "Sie hatten Eier."
vor etwa einer Stunde · Gefällt mir · Kommentieren

4 Personen gefällt das.

Dennis [redacted]
ich bau die alten stoßdämpfer wieder ein, so ein scheiß!
vor 7 Stunden · Gefällt mir · Kommentieren

Jörg [redacted] wieso, hast dir doch extra tieferlegen lassen. setzt du auf?
vor 7 Stunden · Gefällt mir

Dennis [redacted] jein, während dem fahren ne limo getrunken und voll in ein schlagloch gefahren. halber zahn abgebrochen und mein arzt ist grade im urlaub....
vor 7 Stunden · Gefällt mir

Jörg [redacted] das süße zeug bringt dich nochmal ins grab ^^
vor 7 Stunden · Gefällt mir

Anika [redacted]
Männer sind wie zwiebeln - nach dem schälen ist der Rest zum heulen! :D
Gestern um 02:16 · Gefällt mir · Kommentieren

4 Personen gefällt das.

Werner [redacted] Das sind Tränen der Freude!!!
Gestern um 09:17 · Gefällt mir · 2 Personen

Patrick [redacted] Und Frauen wie Tomaten - anfangs noch schön knackig aber dann von Tag zu Tag schrumpeliger
Gestern um 13:48 · Gefällt mir · 2 Personen

Anika [redacted] Du hast doch keine Ahnung :)
Gestern um 15:14 · Gefällt mir

Leonard [redacted]
Achtung! Blitzer auf der Friedrichstraße, 30er Zone, in Höhe des neuen Schuhgeschäftes!
vor 17 Minuten · Gefällt mir · Kommentieren

2 Personen gefällt das.

[redacted] **Janine** [redacted] Waaas??? Seit wann?
vor 15 Minuten · Gefällt mir

[redacted] **Leonard** [redacted] Seit heute Morgen. Gegen 8 wurde aufgebaut.
vor 13 Minuten · Gefällt mir

[redacted] **Kerstin** [redacted] Biste da heute schon wieder lang gedonnert, Jani? :P
vor 9 Minuten · Gefällt mir · 1 Person

[redacted] **Janine** [redacted] Nein! Ich meinte eigentlich, seit wann gibt es da ein neues Schuhgeschäft??? Kannte ich noch gar nicht. Da gehe ich heute Abend gleich mal hin :) Danke für den Tipp Lenny.
vor 2 Minuten · Gefällt mir

Mieke [redacted]
toll, erst schickt mir die bank, dass ich aus sicherheitsgründen mich einloggen und eine tan eingeben soll. und jetzt behaupten die, ich hätte mein geld an irgendein ausländisches konto überwiesen. wollen die mich verarschen?
vor etwa einer Stunde · Gefällt mir · Kommentieren

[redacted] **Tim** [redacted] Kam die Aufforderung per E-Mail von einem Spammer?
vor 20 Minuten · Gefällt mir

[redacted] **Mieke** [redacted] nein, es kam per email und die sagten, mein konto wäre gesperrt und mich einloogen und meine tan eingeben. sogar von der bank war ein link drinnen.
vor 7 Minuten · Gefällt mir

Gabriel [redacted]
Könnt ihr mir bitte kurz helfen? Bin der meinung ein perfektes geburtstagsgeschenk für Sabine gefunden zu haben, aber bin mir nicht ganz sicher.... Kann mal jemand nachschauen, ob 60€ für eine körperfettwaage angemessen sind?
vor 3 Stunden via Handy · Gefällt mir · Kommentieren

[redacted] **Paddy** [redacted] laut preisvergleich zwischen 20 und 100 €, kommt auf die Funktionen drauf an
vor 3 Stunden · Gefällt mir

[redacted] **Lars** [redacted] 60€ sind ok
vor 3 Stunden · Gefällt mir

[redacted] **Sabine** [redacted] Bin der Meinung ein perfektes Geschenk für Gabriel gefunden zu haben. Kann mal jemand nachschauen, ob 60€ für eine Penispumpe angemessen sind?
vor 2 Stunden · Gefällt mir · 2 Personen

[redacted] **Nora** [redacted] Sabine, ich liebe deine Schlagfertigkeit!
vor 2 Stunden · Gefällt mir

Marius [redacted]
mein hund hat 9 nippel ist das normal??
vor 4 Stunden · Gefällt mir · Kommentieren

[redacted] **Lissy** [redacted] Dass du sie extra gezählt hast, ist sicher nicht normal.
vor 4 Stunden · Gefällt mir

[redacted] **Manuel** [redacted] Immer noch besser als meine Mutter. Sie dachte, es wäre eine Zecke und hat mit der Pinzette dran gezogen.
vor 3 Stunden · Gefällt mir

Eva [redacted]
Frohes neues Jahr zusammen!
01. Januar um 16:33 · Gefällt mir · Kommentieren

5 Personen gefällt das.

[redacted] **Peter** [redacted] Hoffentlich wird das Jahr besser als das vorherige... Nicht dass du nochmal schwanger wirst.
01. Januar um 16:52 · Gefällt mir

[redacted] **Amina** [redacted] du warst schwanger?
01. Januar um 16:55 · Gefällt mir

[redacted] **Eva** [redacted] Du bist so ein Arschloch!!
01. Januar um 16:57 · Gefällt mir

[redacted] **Peter** [redacted] Oh, sollte das ein Geheimnis bleiben?
01. Januar um 16:57 · Gefällt mir

[redacted] **Eva** [redacted] Ja verdammt! Ich hasse dich!
01. Januar um 16:58 · Gefällt mir

Nadja [redacted]
Lecker Cookies&Cream Eis, die 5 € sind gut angelegt :)
Dienstag um 19:21 · Gefällt mir · Kommentieren

[redacted] **Marisa** [redacted] hast du nicht ne laktoseintoleranz?
Dienstag um 19:26 · Gefällt mir

[redacted] **Nadja** [redacted] Interessiert mich grad echt null, bin ja nicht aus Zucker. Spar dir die Ratschläge, ich weiß schon was ich mache ^^
Dienstag um 19:30 · Gefällt mir

[redacted] **Nadja** [redacted] hätte ich mal besser auf dich gehört. mein Bauch tut weh, kann nicht einschlafen und Kopfweh hab ich auch :(
Mittwoch um 02:56 · Gefällt mir

Labriana [redacted]
morgen aufsatz in deutsch beim beschissensten lehrer der welt. -.-
13. Dezember um 17:29 · Gefällt mir · Kommentieren

6 Personen gefällt das.

[redacted] **Milli** [redacted] du weißt schon dass der auch bei Facebook ist oder?
13. Dezember um 17:40 · Gefällt mir

[redacted] **Labriana** [redacted] ja, aber ich hab ihn nicht als freund
13. Dezember um 17:44 · Gefällt mir

[redacted] **Milli** [redacted] kann schon sein, ich aber und wenn ich bei dir kommentiere, dann sieht er das.
13. Dezember um 17:45 · Gefällt mir

[redacted] **Labriana** [redacted] was, warum fügst du ihn als freund hinzu??
13. Dezember um 17:46 · Gefällt mir

[redacted] **Milli** [redacted] ich dachte, ich krieg dann ne bessere note?
13. Dezember um 17:51 · Gefällt mir

Till [redacted]
Gerade eine Stunde mit meinem kleinen Cousin Playstation gezockt, während die Eltern Kaffee trinken. Ich glaube, er hat in seinem kurzen Leben noch nie so viele Beleidigung und Todesdrohungen wie gerade eben an den Kopf geworfen bekommen. Der Junge macht mich fix und fertig in Fifa.
vor 10 Minuten · Gefällt mir · Kommentieren

2 Personen gefällt das.

[redacted] **Felix** [redacted] Geilster Status ever! :D
vor 4 Minuten · Gefällt mir

Nicole [redacted]
An meine fleißigen Umzugshelfer von gestern: Hat jemand mein iPod, mein MacBook und mein iPad gesehen?
vor 28 Minuten · Gefällt mir · Kommentieren

Webfail-Kommentar dazu:

Daniel [redacted]
da wurde aber eine verapplet
Antwort · 2526 · Gefällt mir · 18. September um 11:55

Michaela [redacted]
Will jemand heute abend was unternehmen?
Montag um 18:57 · Gefällt mir · Kommentieren

[redacted] **Tony** [redacted] Ja, wir gehen heute in die Stadt paar Cocktails schlürfen...
Montag um 19:13 · Gefällt mir

[redacted] **Mike** [redacted] Cool, wo treffen uns und wann?
Montag um 19:19 · Gefällt mir

[redacted] **Tony** [redacted] Nein, wer hat gesagt, dass du mitdarfst?
Montag um 19:21 · Gefällt mir

[redacted] **Mike** [redacted] Witzig, kannst mir ja noch per SMS bescheid sagen.
Montag um 19:31 · Gefällt mir

[redacted] **Tony** [redacted] Was verstehst du an "Nein" nicht?
Montag um 19:32 · Gefällt mir

Sara [redacted]
Seit 2 Stunden mach ich hier schon an der Abrechnung rum. Mir raucht schon der Kopf, das ist echt ne Siphilisarbeit, damit das alles am Ende passt... :/
Dienstag um 12:27 · Gefällt mir · Kommentieren

4 Personen gefällt das.

[redacted] **Dario** [redacted] haha, dann pass mal schön auf, dass du dich im büro nicht ansteckst ^^
Dienstag um 12:34 · Gefällt mir

[redacted] **Doni** [redacted] Die gefahr lauert überall! Oo
Dienstag um 12:40 · Gefällt mir

[redacted] **Sara** [redacted] Wovon redet ihr?
Dienstag um 12:43 · Gefällt mir

[redacted] **Doni** [redacted] Ich würde von einem Meeting mit dem Chef abraten, vielleicht kann man ja alles "mündlich" besprechen. :D
Dienstag um 12:44 · Gefällt mir

[redacted] **Sara** [redacted] Ich verstehs nicht, mein Kopf ist grade so leer. Ihr seid seltsam..
Dienstag um 12:47 · Gefällt mir

[redacted] **Sara** [redacted] Oh Mann, ok. :D Haha, ja ich glaube nicht dass mein Chef Syphilis hat.
Dienstag um 12:49 · Gefällt mir

[redacted] **Doni** [redacted] OMG, woher weißt du das denn?
Dienstag um 12:56 · Gefällt mir

Jennifer [redacted]
Hi Schatz. Hab den ganzen Tag versucht dich telefonisch zu erreichen. Du hast nicht abgehoben. War beim Arzt. Der Test war negativ. Wir hatten also Glück. Das einzige ist dass ich eine leichte Geschlechtskrankheit habe. Solltest also vl auch zum Arzt gehen. Bis später, Ich liebe dich!
vor etwa einer Stunde via Handy · Gefällt mir · Kommentieren

4 Personen gefällt das.

[redacted] **Eva** [redacted] Jenny?
vor etwa einer Stunde · Gefällt mir

[redacted] **Jennifer** [redacted] nein nein nein. sollte ne private nachricht sein. bitte löscht das bitte. ich kann nicht mit dem handy. nein, bitte. macht irgendwas
vor etwa einer Stunde · Gefällt mir · 2 Personen

[redacted] **Robin** [redacted] Haha. Schick mir ein sms mit deinen zugangsdaten. ich lösch es dir
vor etwa einer Stunde · Gefällt mir

[redacted] **Jennifer** [redacted] habs gesendet. danke robin
vor etwa einer Stunde · Gefällt mir

Tobi [redacted]
Die italienische Nationalmannschaft besuchte heute ein Waisenhaus in Kapstadt. "Es ist schwer, ihre traurigen und hoffnungslosen Gesichter zu sehen", sagt der 6-jährige Jamal.
24. Juni um 20:43 · Gefällt mir · Kommentieren

5 Personen gefällt das.

Betty [redacted]
Ach single sein hat ja auch seine Vorteile.
Gestern um 10:20 · Gefällt mir · Kommentieren

23 Personen gefällt das.

[redacted] **Tanja** [redacted] richtig.
Gestern um 10:25 · Gefällt mir

[redacted] **Rebecca** [redacted] außerdem hatte er dich eh nicht verdient. lass ihn einfach links liegen. dumme männer. vergiss ihn einfach. du bist viel zu gut für ihn.
Gestern um 10:31 · Gefällt mir

[redacted] **Laura** [redacted] Moment mal. Warst du nicht diejenige die mit Nicolas geschlafen hat und sie sich dadurch getrennt haben?
Gestern um 10:34 · Gefällt mir

[redacted] **Betty** [redacted] ja laura das ist die schlampe. und ich frage mich warum diese trampel sowas schreiben kann. ich lösch sie jetzt aber eh als freundin. miststück!!!
Gestern um 10:37 · Gefällt mir

[redacted] **Rebecca** [redacted] ok ich nehme alles zurück. er passt doch zu dir :)
Gestern um 10:39 · Gefällt mir

Stefan [redacted]
Freundin will zu mir ziehen, hat aber eine Tierhaar-Allergie. Müsste den Hund weggeben. Für was soll ich mich entscheiden?
vor 17 Minuten · Gefällt mir · Kommentieren

[redacted] **Lukas** [redacted] Sperr beide für eine Stunde ein. Wenn du sie wieder raus lässt, wirst du sehen, wer wirklich glücklich darüber ist dich wiederzusehen.
vor 11 Minuten · Gefällt mir

Joe [redacted]
fuck man, führerschein weg... kacke man!
16. Februar um 20:00 · Gefällt mir · Kommentieren

Deniz [redacted] wegs dem alktest letztens oder was?
16. Februar um 20:09 · Gefällt mir

Bernold [redacted] Haben sie dich blasen lassen? :D
16. Februar um 20:12 · Gefällt mir

Joe [redacted] ja, muss jetzt nen idiotentest machen. kein bock auf den scheiß, hoffentlich besteh ich den nicht.
16. Februar um 20:17 · Gefällt mir

Bernold [redacted] Du kriegst den Führerschein nur wieder, wenn du den Test bestehst. Oder wie meinst du das?
16. Februar um 20:30 · Gefällt mir

Joe [redacted] ich mach mich doch nicht zum deppen, ich will nur den scheiß fürherschein wieder! was jetzt, wenn man den besteht, ist man dann gut odern idiot?
16. Februar um 20:33 · Gefällt mir

Bernold [redacted] Wenn man den Idiotentest besteht, ist man kein Idiot, sondern genau das Gegenteil. Da wird geprüft, ob du zum Führen eines Fahrzeugs geeignet bist. Wenn du durchfällst, bzw. allein den Sinn davon nicht verstehst, dann bist du wirklich ein Idiot. Alkohol macht Birne hohl, oder? XD
16. Februar um 20:44 · Gefällt mir

Caro [redacted]
Mein Wecker kämpft nicht fair, er greift immer an, wenn ich schlafe!
vor 20 Stunden · Gefällt mir · Kommentieren

33 Personen gefällt das.

Moritz [redacted]
Ich hab so ein Kribbeln im Bauch.
Mittwoch um 18:08 · Gefällt mir · Kommentieren

3 Personen gefällt das.

[redacted] **Cornelius** [redacted] Durchfall?
Mittwoch um 18:14 · Gefällt mir

[redacted] **Moritz** [redacted] Schmetterlinge!
Mittwoch um 18:15 · Gefällt mir

[redacted] **Kimberly** [redacted] iiiiii. du bist echt der widerlichste typ den ich kenne.
Mittwoch um 18:20 · Gefällt mir

[redacted] **Moritz** [redacted] ?
Mittwoch um 18:21 · Gefällt mir

[redacted] **Kimberly** [redacted] naja, wer ist schon lebende schmetterling. bzw. überhaupt schmetterlinge. die armen tiere. du bist ein freak.
Mittwoch um 18:24 · Gefällt mir

[redacted] **Moritz** [redacted] Gut zu wissen wie du über mich denkst. Bzw. von denken kann man bei dir ja wohl nicht reden.
Mittwoch um 18:32 · Gefällt mir

[redacted] **Kimberly** [redacted] was laberscht du mensch? ich wette 100 % geben mir echt das das voll grauslich ist.
Mittwoch um 18:34 · Gefällt mir

[redacted] **Cornelius** [redacted] *kopfschüttel*
Mittwoch um 18:37 · Gefällt mir

[redacted] **Moritz** [redacted] Cornelius: *kopfmeetswand* Kimberly: Wenn DU eine Fliege verschluckst,hast du mehr Hirn im Bauch als im Kopf. Vl verstehst du jetzt was ich eigentlich meine ;)
Mittwoch um 18:44 · Gefällt mir

Anni [redacted]
Der neue Facebook Chat ist einfach nur scheiße!
vor 12 Stunden · Gefällt mir · Kommentieren

20 Personen gefällt das.

[redacted] **Jenny** [redacted] find ich auch. bei mir läuft der auch kaum und ich finde die leute nie wirklich. facebook soll aufhören cooler sein zu wollen, ich mochte ihn vorher viel mehr.
vor 12 Stunden · Gefällt mir

[redacted] **Charlotte** [redacted] Ihn? Ich glaube kaum, dass Facebook ein bestimmtes Geschlecht hat.
vor 12 Stunden · Gefällt mir

[redacted] **Steffen** [redacted] In Anbetracht der Tatsache, dass es nie glücklich ist so wie es aussieht und ständig das Aussehen durch "kosmetische" Änderungen verändert, egal wie oft man sagt, dass es so gut aussieht und man zufrieden ist, bin ich mir 100 % sicher, dass Facebook weiblich ist.
vor 12 Stunden · Gefällt mir

Aileen [redacted]
Haha, mein Kleinster fragt mich gerade, wieviel meter in einen zentimeter passen. Ich sage ihm 100, aber er beharrt auf 10. zu süß der Kleine! naja, ich war früher auch nicht anders. :D
vor 11 Stunden · Gefällt mir · Kommentieren

2 Personen gefällt das.

[redacted] **Jas** [redacted] Heute ja auch nicht, oder? Muss wohl in den Genen liegen. Seit wann sind 100 Meter gleich 1 Zentimeter?
vor 11 Stunden · Gefällt mir · 5 Personen

Rolf [redacted]
kann wieder niht einschlafen...
02. Juli um 23:30 · Gefällt mir · Kommentieren

Andy [redacted] *nicht. zähl halt schafe oder so, bis 10 kannst du zählen oder? perfekt!
02. Juli um 23:37 · Gefällt mir

Rolf [redacted] ich zähl lieber klugscheiser, 1, 2, 3, 4
02. Juli um 23:39 · Gefällt mir

Juergen [redacted] *klugscheißer
02. Juli um 23:40 · Gefällt mir

Rolf [redacted] 5
02. Juli um 23:40 · Gefällt mir

Roy [redacted]
Ich bin der schnellste in unter 12 Sekunden am Ziel!
09. September um 13:06 · Gefällt mir · Kommentieren

3 Personen gefällt das.

Manu [redacted] Oh gott, deine arme Freundin!
09. September um 13:09 · Gefällt mir

Roy [redacted] Was hat meine Freundin damit zu tun?
09. September um 13:10 · Gefällt mir

Manu [redacted] Ich glaube wir reden aneinander vorbei. ^^
09. September um 13:11 · Gefällt mir

Roy [redacted] Haha, jetzt check ichs auch, ich meinte 100m Lauf in der Schule :D
09. September um 13:32 · Gefällt mir

Mike [redacted]
Ich hab eine 1 auf die Mathearbeit!
27. September um 17:36 · Gefällt mir · Kommentieren

8 Personen gefällt das.

[redacted] **Henriette** [redacted] Glückwunsch!
27. September um 17:43 · Gefällt mir

[redacted] **Cornelia** [redacted] du hat ne 1? nicht schlecht.
27. September um 17:51 · Gefällt mir

[redacted] **Mike** [redacted] Jep, hab ur viel gerernt!
27. September um 17:53 · Gefällt mir · 4 Personen

[redacted] **André** [redacted] ich hab auch ein sehr gut. ich muss aber dazu sagen, das mikey boy mir alles ausgefüllt hat als er mit seiner arbeit fertig war :D
27. September um 18:01 · Gefällt mir · 2 Personen

[redacted] **Cornelia** [redacted] hihi, geile sache ^^
27. September um 18:07 · Gefällt mir

[redacted] **Uwe** [redacted] Jetzt ist mir auch klar, wie es Andre geschafft hat so eine gute Arbeit zu schreiben. Ihr könnt euch in Zukunft bei jeder Arbeit gleich in die erste Reihe setzen. Sonderbewachung garantiert. Bis morgen Jungs.
27. September um 20:28 · Gefällt mir · 17 Personen

LEHRER

Jens [redacted]
Ständig wirft mir meine Frau vor, dass ich das letzte Wort haben muss. Aber woher soll ich denn wissen, ob sie noch was sagt?
Donnerstag um 17:17 · Gefällt mir · Kommentieren

21 Personen gefällt das.

Felix [redacted]
Ich hasse diese Zeitumstellungen! Morgen dann Prüfung, aber wenigstens kann ich eine Stunde mehr schlafen. Gut Nacht alle zusammen.
Gestern um 21:13 · Gefällt mir · Kommentieren

7 Personen gefällt das.

Marlies [redacted] Ich hoffe du schläfst noch nicht, denn die Zeit muss man eine Stunde vorstellen, d.h. du hast weniger Zeit...
Gestern um 22:29 · Gefällt mir · 3 Personen

Bastian [redacted] sollen ich ihn anrufen?
Gestern um 22:40 · Gefällt mir

Herbert [redacted] Nö, so ists lustiger.
Gestern um 22:45 · Gefällt mir · 2 Personen

Bastian [redacted] ok
Gestern um 22:47 · Gefällt mir

Felix [redacted] WTF? Ihr PENNER! Warum hat mir keiner was gesagt??
vor 15 Stunden · Gefällt mir · 4 Personen

Jessie [redacted]
Nach den Prüfungen heute endlich wieder shoppen. Zur Belohnung Kaufrausch!
29. Juni um 16:12 · Gefällt mir · Kommentieren

12 Personen gefällt das.

Phips [redacted] Ist euch schon mal aufgefallen, dass im Wort Kaufrausch das Wort Frau enthalten ist?
29. Juni um 16:17 · Gefällt mir · 7 Personen

Yasmina [redacted]
hat heute von ihrem Schatz einen wunderschönen Blumenstrauß geschenkt bekommen! ♥
Dienstag um 16:45 · Gefällt mir · Kommentieren

17 Personen gefällt das.

[redacted] **Kristof** [redacted] So kennt man Angelo. Typisch Italiener.
Dienstag um 16:51 · Gefällt mir

[redacted] **Angelo** [redacted] so bin ich!!!
Dienstag um 16:53 · Gefällt mir

[redacted] **Ina** [redacted] Schatz, warum schenkst Du mir nie Blumen?
Dienstag um 16:59 · Gefällt mir

[redacted] **Kristof** [redacted] Weil ich Dir treu bin.
Dienstag um 17:02 · Gefällt mir

[redacted] **Yasmina** [redacted] was soll das heißen?
Dienstag um 17:07 · Gefällt mir

[redacted] **Kristof** [redacted] Ach, nichts :)
Dienstag um 17:08 · Gefällt mir

[redacted] **Yasmina** [redacted] Angelo fahr sofort zu mir rüber wir müssen reden!
Dienstag um 17:10 · Gefällt mir

[redacted] **Angelo** [redacted] gut gemacht ARSCHLOCH!
Dienstag um 17:11 · Gefällt mir

Gabriele [redacted]
Morgen zum dritten Mal Physikum, letzte Chance. Diesmal bin ich besser vorbereitet. ;) Drückt mir die Daumen!
09. Juli um 19:01 · Gefällt mir · Kommentieren

11 Personen gefällt das.

[redacted] **Rémy** [redacted] Viel Glück!
09. Juli um 19:09 · Gefällt mir

[redacted] **Kilian** [redacted] du packst das, aller guten Dinge sind 3 ;)
09. Juli um 19:10 · Gefällt mir · 2 Personen

[redacted] **Nina** [redacted] und wie liefs?
10. Juli um 10:14 · Gefällt mir

[redacted] **Gabriele** [redacted] Prüfung war eigentlich recht einfach, war gut vorbereitet. Mein Fehler war nur, dass ich meinen Spickzettel auf der Toilette in den Mülleimer geworfen hab. Die Mülleimer wurden nach der Prüfung kontrolliert. Da ich als einzige Frau auf der Toilette war, konnten sie es zuordnen. :(Das wars wohl mit meinem Medizinstudium..
10. Juli um 14:43 · Gefällt mir

Jason [redacted]
das erste mal seit 4 wochen wieder wäsche waschen, ich brauch endlich ne frau
Gestern um 17:22 · Gefällt mir · Kommentieren

2 Personen gefällt das.

[redacted] **Thorsten** [redacted] Das bestätigt meine Annahme, dass du nicht nur bei der Arbeit, sondern auch in deiner Freizeit so ein übler Faulenzer bist.
Gestern um 17:56 · Gefällt mir · 3 Personen

CHEF

Lars [redacted]
Tolles Date gehabt mit einer Frau, die sich wirklich für mein Leben interessiert. Beim Abschied gab sie mir noch einen Sparkassen-Kuli mit.
vor etwa einer Stunde · Gefällt mir · Kommentieren

3 Personen gefällt das.

Agostino [redacted]
warum kann die türkei eigentlich bei der europameisterschaftsqualifikation mitspielen obwohl ja der großteil in asien liegt?
vor 43 Minuten · Gefällt mir · Kommentieren

[redacted] **Michael** [redacted] es gibt einzelne länder, die von der uefa genehmigt wurden, bei der em mitzuspielen. unter anderem auch kasachstan und aserbaidschan.
vor 34 Minuten · Gefällt mir

[redacted] **Jasmin** [redacted] türken sind keine asiaten. asiaten sind nur chinesen und japaner.
vor 30 Minuten · Gefällt mir

[redacted] **Michael** [redacted] Du weißt aber schon, dass Asien der größte Kontinent der Welt ist und nicht nur Chinesen und Japaner dort sind.
vor 25 Minuten · Gefällt mir

[redacted] **Jasmin** [redacted] wie meinst du das jetzt, welcher länder gehören dort dazu?
vor 21 Minuten · Gefällt mir

[redacted] **Michael** [redacted] gib bei google asien ein und staune...
vor 17 Minuten · Gefällt mir

Rebecca [redacted]
No Woman, No Cry
30. September um 14:45 · Gefällt mir · Kommentieren

2 Personen gefällt das.

[redacted] **Alex** [redacted] Was ist los Süße?
30. September um 14:48 · Gefällt mir

[redacted] **Rebecca** [redacted] nichts. ich freu mir nur ure total.
30. September um 14:50 · Gefällt mir

[redacted] **Alex** [redacted] Warum?
30. September um 14:50 · Gefällt mir

[redacted] **Rebecca** [redacted] hab online tickets fürs bob marley konzert ersteigert.
30. September um 14:54 · Gefällt mir

[redacted] **Alex** [redacted] Was, wie jetzt?
30. September um 14:55 · Gefällt mir

[redacted] **Rebecca** [redacted] naja, live konzert eben.
30. September um 14:59 · Gefällt mir

[redacted] **Alex** [redacted] :D HAHA, :) Und was hast du dafür bezahlt?
30. September um 15:06 · Gefällt mir

[redacted] **Rebecca** [redacted] 140. also 70 pro Karte. wird sicher sooooo geilomaticus. wollte ihn schon immer mal live sehen. ♥
30. September um 15:07 · Gefällt mir

[redacted] **Alex** [redacted] Muhahaha. Du bist und bleibst naiv Becci :D Aber viel Spaß am Konzert wünsche ich. Nimm mir ein Autogramm mit ;)
30. September um 15:10 · Gefällt mir

Ela [redacted]
Kann mir jemand helfen, ich weiß nicht wie ich mit diesem neuen USB Teil nun Musik hören kann im Auto. Hab es angesteckt und auf Aux geschalten. Geht aber nicht.
vor etwa einer Stunde via Handy · Gefällt mir · Kommentieren

2 Personen gefällt das.

Frank [redacted] Was für ein Usb Anschluss ist es denn? Bzw. wo hast du was angeschlossen?
vor 54 Minuten · Gefällt mir

Ela [redacted] naja hab das teil beim zigarettenanzünder reingesteckt. das handy hat das teil gefunden, weil es lädt, aber die musik lässt sich nicht abspielen.
vor 39 Minuten · Gefällt mir

Frank [redacted] Wie beim Zigarettenanzünder? Wie soll es da denn Musik spielen?
vor 37 Minuten · Gefällt mir

Ela [redacted] Naja ein Freund von mir hat gesagt, so ein usb teil fürs auto besorgen dann kann man vom handy, usb stick und überall abspielen.
vor 21 Minuten · Gefällt mir

Frank [redacted] Ja wenn man den USB Stick bei einem fähigen Radio ansteckt, aber doch nicht ein Aufladeding für das Handy über den Zigarettenanzünder :D
vor 19 Minuten · Gefällt mir

Ela [redacted] ok, ich dachte das ist das. naja danke für die hilfe.
vor 14 Minuten · Gefällt mir

Stefanie [redacted]
Fabi, hab gehört dass du dich an meinen profilbilder aufgeilst. lass das bitte, ja?
Samstag um 15:42 · Gefällt mir · Kommentieren

[redacted] **Timo** [redacted] loool, du musst es ja nötig haben, grad bei der ^^
Samstag um 15:48 · Gefällt mir

[redacted] **Stefanie** [redacted] was soll das jetzt heissen?
Samstag um 15:50 · Gefällt mir

[redacted] **Timo** [redacted] nichts
Samstag um 15:51 · Gefällt mir

[redacted] **Fabian** [redacted] da verwechselst du mich sicher. wäre was anderes, wenn du wenigstens gut aussehen würdest.
Samstag um 16:07 · Gefällt mir · 2 Personen

[redacted] **Timo** [redacted] heftig! XD
Samstag um 16:10 · Gefällt mir

Sven [redacted]
Schon mal aufgefallen, dass das Wort OK aussieht wie eine Strichmännchen, das auf dem Boden liegt? Was ist los mit dir, kleiner Mann...
vor 23 Minuten · Gefällt mir · Kommentieren

9 Personen gefällt das.

[redacted] **Sonja** [redacted] Vielleicht weil er so einen riesen Kopf hat?
vor 17 Minuten · Gefällt mir · 2 Personen

Britta [redacted]
Ich kann einfach nie genug von den drei kleinen Worten bekommen, die man sich täglich gegenseitig sagt. Auch nach 3 Jahren Beziehung nicht. :) ♥♥
vor 7 Stunden · Gefällt mir · Kommentieren

Mario [redacted] Schatz, du schnarchst?
vor 7 Stunden · Gefällt mir

Willi [redacted] War das schon?
vor 7 Stunden · Gefällt mir

Mario [redacted] Bin ich drin?
vor 7 Stunden · Gefällt mir · 👍 2 Personen

Valentin [redacted] Hol mir Bier.
vor 7 Stunden · Gefällt mir

Mario [redacted] Nicht nur kuscheln...
vor 7 Stunden · Gefällt mir

Levin [redacted] Ich will Sex.
vor 7 Stunden · Gefällt mir · 👍 2 Personen

Britta [redacted] Ihr seid bescheuert! :)
vor 7 Stunden · Gefällt mir · 👍 4 Personen

Marcus [redacted]
Hab grad ne Tussi in meinem alten Auto fahren sehen. Das arme Mädel, zum bremsen muss sie ganz schön in die Eisen steigen. ^^
vor 26 Minuten · Gefällt mir · Kommentieren

Susanne [redacted] Das scheint der einzige Weg zu sein, wie du eine Frau in dein Auto bekommst, indem du es ihr verkaufst. :P
vor 18 Minuten · Gefällt mir

Lena [redacted]
mich würde interessieren, was ein mann sich so alles für gedanken macht, wenn er sich in eine frau verliebt. :)
vor 14 Stunden · Gefällt mir · Kommentieren

[redacted] **Jean-Pierre** [redacted] Naja, womit ich dich nur verdient habe und dass das Leben nicht besser sein könnte. :)
vor 14 Stunden · Gefällt mir

[redacted] **Sandy** [redacted] Ihr seid so süß ihr beiden! *knuddel*
vor 14 Stunden · Gefällt mir

[redacted] **Gregor** [redacted] Wie ich Jean-Pierre so kenne: "Wann schlafen wir endlich miteinander. Wann schlafen wir endlich miteinander. Wann schlafen wir endlich miteinander..."
vor 14 Stunden · Gefällt mir · 3 Personen

[redacted] **Jean-Pierre** [redacted] Penner :D
vor 13 Stunden · Gefällt mir

[redacted] **Lena** [redacted] ???
vor 13 Stunden · Gefällt mir

Nancy [redacted]
da spricht mich grad soooooo ein geiler typ vorm mcdonalds an. macht mir voll die komplimente über mein outfit. dann kommt sein freund aus raus, er verabschiedet sich und sie gehen hand in hand davon...
vor 31 Minuten via Handy · Gefällt mir · Kommentieren

6 Personen gefällt das.

[redacted] **Leinad** [redacted] HAHA. Wäre er Hetero, würd er sich gar nicht trauen dich anzusprechen. Du findest schon einen meine süße! ♥
vor 7 Minuten · Gefällt mir

Anke [redacted]
Justin Bieber 3>
Freitag um 14:32 · Gefällt mir · Kommentieren

4 Personen gefällt das.

Daria [redacted] fast!
Freitag um 14:39 · Gefällt mir

Daria [redacted] ♥ <-- So machen es dann die normalen Leute ;)
Freitag um 14:42 · Gefällt mir · 2 Personen

Anke [redacted] ICH HAB EBEN NOCH NICHT HERAUS GEFUNDEN WIE MAN DIE 3 DREHT!!
Freitag um 14:47 · Gefällt mir

Daria [redacted] aja...
Freitag um 14:49 · Gefällt mir

Miroslav [redacted]
Ich glaube ich lache nie
wieder so laut...göttlich heute morgen in Bio. wir haben jeweils unseren eigenen speichel mikroskopiert. Auf einmal die eine ganz aufgeregt "Hier bewegt sich was!!" Alle werden still, Prof guckt sich das kurz an, guckt nochmal hin "Oh, ja das ist definitiv eine lebende Spermazelle" Ich glaub das Mädchen wäre am liebsten gestorben ;)
vor 9 Stunden via Handy · Gefällt mir · Kommentieren

3 Personen gefällt das.

Anna [redacted] check ich nicht gg
vor 2 Stunden · Gefällt mir

Miroslav [redacted] haha ist eh egal :)
vor etwa einer Stunde · Gefällt mir

Mia [redacted]
Ich hatte in meinem Leben noch nie Sex. Drücke auf "Gefällt mir" wenn du denkst das ich lüge.

Kopiere diesen Status wenn du dich traust.
vor etwa einer Stunde · Gefällt mir · Kommentieren

47 Personen gefällt das.

Stephan [redacted] Du hast in einem Status noch nie so viele Likes wie bei diesem gehabt... :)
vor etwa einer Stunde · Gefällt mir

Mia [redacted] ich bin halt mutig :))
vor 42 Minuten · Gefällt mir

Birgit [redacted] Mit den meisten von denen die diese Status gelikt haben hattest du schon Sex.
vor 32 Minuten · Gefällt mir

Mia [redacted] ich kenne die hälfte gar nicht... xD
vor 29 Minuten · Gefällt mir

Birgit [redacted] Das sagt schon einiges aus...
vor 27 Minuten · Gefällt mir · 4 Personen

Jan [redacted]
kann ich mal deine titten sehen oder wenigstens in unterwäsche?
vor 37 Minuten · Gefällt mir · Kommentieren

Jennifer [redacted] nein??? wie bist du denn drauf?
vor 32 Minuten · Gefällt mir

Dominik [redacted] Jan, hast ne Nachricht.
vor 6 Minuten · Gefällt mir

EX-FREUND

Idoia [redacted]
Bei Amazon die benutzten Einkaufswagen zurückbringen, das wäre ein Job für mich. ^^
vor etwa einer Stunde · Gefällt mir · Kommentieren

4 Personen gefällt das.

Alischa [redacted]
Hahahaha, auf meinem Bildschirm paaren sich gerade 2 Fliegen. Irgendwie total niedlich ^^
vor 21 Stunden · Gefällt mir · Kommentieren

13 Personen gefällt das.

[redacted] **Kristina** [redacted] Wieso auch nicht. Auch Fliegen haben Bedürfnisse. Wenn auch nicht gerade viele :)
vor 21 Stunden · Gefällt mir · 2 Personen

[redacted] **Judith** [redacted] wie geil. das will ich sehen. mach mal nen screenshot.
vor 21 Stunden · Gefällt mir

[redacted] **Alischa** [redacted] Wie nen Screenshot?
vor 20 Stunden · Gefällt mir

[redacted] **Judith** [redacted] geht voll einfach. einfach die druck taste auf deiner tastatur drücken und dann bei paint einfügen, speichern und schicken.
vor 20 Stunden · Gefällt mir

[redacted] **Alischa** [redacted] Ja geht voll einfach. Ich sag den Beiden mal eben, sie sollen doch mal schnell auf Matrix machen, damit ich der guten Judith nen Screenshot senden kann.
vor 20 Stunden · Gefällt mir · 4 Personen

[redacted] **Kristina** [redacted] HIHIHIHI
vor 20 Stunden · Gefällt mir

Lina [redacted]
Auf wiedersehen, Stupsi. Du wirst es besser haben, wo du jetzt bist...
vor 16 Stunden · Gefällt mir · Kommentieren

Steffen [redacted] wer ist stupsi?
vor 16 Stunden · Gefällt mir

Lina [redacted] Mein Hamster...
vor 16 Stunden · Gefällt mir

Steffen [redacted] tut mir leid, der ist jetzt bestimmt im hamsterhimmel
vor 15 Stunden · Gefällt mir

Lina [redacted] Nein, ich hab ihn vorhin ausgesetzt am Fluss. Da wird er es gut haben!
vor 15 Stunden · Gefällt mir

Steffen [redacted] Du weißt schon, dass Hamster Haustiere sind und er es gewohnt ist, von dir das Fressen zu bekommen? Der wird leichte Beute für einen Greifvogel sein.
vor 15 Stunden · Gefällt mir

Lina [redacted] WAS???
vor 15 Stunden · Gefällt mir

Steffen [redacted] Auf wiedersehen, stupsi...
vor 15 Stunden · Gefällt mir · 5 Personen